De:

Para:

Publicações
Pão Diário

"Tudo aquilo que sou,
ou pretendo ser, devo a
um anjo: minha mãe."

—Abraham Lincoln

Introdução

Será que existe um melhor conselho para enfrentarmos os desafios do dia a dia do que este que encontramos em 1 Crônicas 16:11? "Procurem a ajuda do SENHOR; estejam sempre na sua presença."

Somos tão gratas a ti Senhor, pois estás sempre pronto
a nos ouvir e amparar. És o nosso refúgio.
Concede-nos a Tua presença.

É tão bom buscar a Tua presença Senhor,
seja no alvorecer ou no crepúsculo. És onipresente e para
encontrar-te precisamos apenas nos colocarmos diante do Teu trono.
Ouvimos e reconhecemos a Tua voz nas Escrituras,
pois as inspiraste e és o nosso socorro em todas as circunstâncias.
Concede-nos o privilégio de buscar-te sempre.

Queremos ser fortes! Ser respeitadas! Não temer o futuro!
Queremos falar com sabedoria e delicadeza e pensar em tudo
o que é justo, respeitável, puro, amável e de boa fama, para que
tudo isso se reflita em nossas atitudes e em nosso lar, Senhor.
Concede-nos a sabedoria que vem do alto.

Que o nosso amor por ti cresça cada vez mais e que tenhamos
sabedoria e discernimento, para compreender o Teu amor
e permitir que nos uses como instrumentos em Tuas mãos.

Queremos demonstrar a Tua presença em nosso andar diário.
Que nossos filhos possam ver a imagem de Cristo em nós.
Concede-nos viver em santidade.

Sabendo que o Teu amor une perfeitamente todas as coisas,
ensina-nos a aceitar o nosso próximo, como o Senhor nos aceita.
Ensina-nos a perdoar quantas vezes for necessário.
Ensina-nos a tolerância.

Senhor, tu és a nossa força, nosso baluarte,
nossa rocha firme, nosso socorro, nosso Pai e Consolador.
Queremos conhecer-te melhor e buscar-te diariamente.
Ajuda-nos nesse propósito de separar um tempo de qualidade
para estar contigo, pois temos certeza que o nosso amor e
entendimento por Tua Palavra crescerá em nosso coração
cada vez mais e nos tornaremos mulheres cristãs
maduras e úteis ao Teu reino.

Queremos conhecer e cumprir os Teus propósitos para nós.
Queremos usufruir do privilégio de te conhecer melhor,
e também aprofundar o amor que temos por ti, Senhor.
Queremos usufruir da intimidade contigo
nas entrelinhas das meditações deste Pão Diário
feito especialmente para as mães.

Como o salmista podemos afirmar:
"...o Senhor é bom; o seu amor dura para sempre,
e a sua fidelidade não tem fim" *(Salmo 100:5).*

Obrigada, Senhor.

—dos editores de *Pão Diário*

Uma Bíblia bem
utilizada é o sinal de
que alguém alimentou
bem a sua alma.

A bondade do Senhor

Quanto amo a tua lei!...

—SALMO 119:97

Alguns anos atrás li uma peça literária escrita por Sir James Barrie, barão inglês e autor das histórias de Peter Pan e Wendy. Nesta, ele apresenta um retrato intimista de sua mãe, que amava profundamente a Deus e Sua Palavra e que, literalmente, leu sua Bíblia até que esta ficou esfarrapada. "É minha agora", Sir James escreveu, "e as linhas pretas com as quais ela a costurou, fazem parte do conteúdo".

Minha mãe também amava a Palavra de Deus. Ela a leu e nela meditou durante 60 anos ou mais. Guardo a sua Bíblia, bem rasgada e gasta, em lugar de destaque na estante. Cada página manchada está marcada com seus comentários e reflexões. Quando eu era menino, muitas vezes entrava em seu quarto pela manhã e a encontrava balançando sua Bíblia no colo mergulhando em suas palavras. Ela fez isso até o dia em que não podia mais ler suas preciosas páginas. Ainda assim, a Bíblia era o livro mais precioso que ela possuía.

Quando a mãe de Barrie envelheceu, ela já não podia mais ler as palavras de sua Bíblia e o seu esposo a colocava em suas mãos diariamente. Ela a segurava reverentemente.

O salmista escreveu: "Quão doces são as tuas palavras ao meu paladar! Mais que o mel à minha boca" (119:103). Você já experimentou a bondade do Senhor? Abra sua Bíblia hoje. —*DHR*

Leitura bíblica de hoje: Salmo 119:97-104

97 Quanto amo a tua lei! É a
minha meditação, todo o dia!
98 Os teus mandamentos me
fazem mais sábio que os meus
inimigos; porque, aqueles,
eu os tenho sempre comigo.
99 Compreendo mais do que
todos os meus mestres, porque
medito nos teus testemunhos.
100 Sou mais prudente que os
idosos, porque guardo os teus
preceitos. 101 De todo mau
caminho desvio os pés, para
observar a tua palavra. 102 Não
me aparto dos teus juízos,
pois tu me ensinas. 103 Quão
doces são as tuas palavras ao
meu paladar! Mais que o mel
à minha boca. 104 Por meio
dos teus preceitos, consigo
entendimento; por isso, detesto
todo caminho de falsidade.

A Palavra de Deus
é a bússola que
nos mantém no
caminho certo.

As regras da mamãe

...quanto ao trato passado,
vos despojeis do velho homem, que se corrompe...

—EFÉSIOS 4:22

Encontrei uma mulher encantadora, chamada "Mamãe Carla", que criou cerca de uma dúzia de filhos adotivos. Esses jovens lhe foram designados pelo Poder Judiciário e ela lhes deu um lar com estabilidade, orientação e amor. Ela me contou que, cada vez que uma nova criança chegava, a primeira coisa era explicar as "Regras da mamãe". Elas incluíam os padrões de comportamento, as tarefas que faziam parte da ajuda muito necessária na casa e ensinavam responsabilidade às crianças que não possuíam muita instrução anterior.

Algumas crianças podem até ter recusado, em algum momento, a cumprir as "Regras da mamãe", pensando que elas lhes roubavam a diversão ou o prazer — mas, nada disso poderia estar mais longe da verdade. Aqueles padrões previamente estabelecidos permitiam que a casa ficasse organizada, e nela a mãe e as crianças podiam sentir que a vida era agradável e pacífica.

De maneira semelhante, algumas pessoas consideram os padrões estabelecidos por Deus, na Bíblia, como obstáculos que nos impedem de desfrutar a vida. Contudo, os limites impostos por Deus nos protegem de nossas piores inclinações e criam reações saudáveis a Ele.

Em Efésios 4, por exemplo, Paulo nos fornece algumas orientações a respeito de como devemos viver. Ao vivermos segundo essas e outras instruções amorosas de Deus, encontraremos a proteção e a oportunidade de experimentar a alegria verdadeira e duradoura. *—WEC*

Leitura bíblica de hoje: Efésios 4:17-32

17 Isto, portanto, digo e no
Senhor testifico que não
mais andeis como também
andam os gentios, na
vaidade dos seus próprios
pensamentos, 18 obscurecidos
de entendimento, alheios à
vida de Deus por causa da
ignorância em que vivem,
pela dureza do seu coração,
19 os quais, tendo-se tornado
insensíveis, se entregaram à
dissolução para, com avidez,
cometerem toda sorte de
impureza. 20 Mas não foi assim
que aprendestes a Cristo,
21 se é que, de fato, o tendes
ouvido e nele fostes instruídos,
segundo é a verdade em Jesus,
22 no sentido de que, quanto ao
trato passado, vos despojeis do
velho homem, que se corrompe
segundo as concupiscências
do engano, 23 e vos renoveis
no espírito do vosso
entendimento, 24 e vos revistais
do novo homem, criado
segundo Deus, em justiça e
retidão procedentes da verdade.
25 Por isso, deixando a mentira,
fale cada um a verdade com
o seu próximo, porque somos
membros uns dos outros.
26 Irai-vos e não pequeis; não
se ponha o sol sobre a vossa
ira, 27 nem deis lugar ao diabo.
28 Aquele que furtava não furte
mais; antes, trabalhe, fazendo
com as próprias mãos o que
é bom, para que tenha com
que acudir ao necessitado.
29 Não saia da vossa boca
nenhuma palavra torpe, e
sim unicamente a que for boa
para edificação, conforme a
necessidade, e, assim, transmita
graça aos que ouvem. 30 E não
entristeçais o Espírito de Deus,
no qual fostes selados para o
dia da redenção. 31 Longe de
vós, toda amargura, e cólera,
e ira, e gritaria, e blasfêmias,
e bem assim toda malícia.
32 Antes, sede uns para com os
outros benignos, compassivos,
perdoando-vos uns aos outros,
como também Deus, em
Cristo, vos perdoou.

Ser mãe é exercer
uma sagrada parceria
com Deus.

Épocas da vida

Tudo tem o seu tempo determinado,
e há tempo para todo propósito debaixo do céu.

—ECLESIASTES 3:1

Quando eu era pastor, tive a oportunidade de ministrar a muitas mulheres que eram mães. Eu as visitava no hospital e me alegrava com elas por seus preciosos bebês que vieram ao mundo. Aconselhava as mães mais ansiosas e tentava garantir-lhes que Deus estava cuidando de seus adolescentes rebeldes. Ficava junto a elas à beira do leito de filhos feridos ou doentes e sentia suas dores. Chorava com elas em seu luto quando um filho ou filha morria.

Maria, a mãe de Jesus, também vivenciou momentos de alegria e tristeza. Que alegria ela deve ter sentido quando o seu bebê veio ao mundo — Cristo nasceu! (Lucas 2:7). Que entusiasmo quando os pastores e, depois, os reis magos vieram adorá-lo (vv.8-20; Mateus 2:1-12). Que inquietação quando Simeão profetizou que uma espada traspassaria a sua alma (Lucas 2:35). E que dor pesarosa quando Maria viu seu Filho morrer na cruz (João 19:25-30)! Mas, seus tempos de ser mãe não terminaram com aquela cena terrível. Ela se regozijou por Ele ter ressurgido do túmulo.

As mães, e todos nós, vivenciamos grandes alegrias e intensas tristezas. E quando submetemos a nossa vida ao Senhor, nossas experiências do dia a dia podem servir aos Seus eternos propósitos. *—HVL*

Leitura bíblica de hoje: Lucas 2:6-7,25-35

6 Estando eles ali, aconteceu
completarem-se-lhe os dias,
7 e ela deu à luz o seu filho
primogênito, enfaixou-o e o
deitou numa manjedoura,
porque não havia lugar para
eles na hospedaria. 25 Havia
em Jerusalém um homem
chamado Simeão; homem este
justo e piedoso que esperava
a consolação de Israel; e o
Espírito Santo estava sobre
ele. 26 Revelara-lhe o Espírito
Santo que não passaria pela
morte antes de ver o Cristo
do Senhor. 27 Movido pelo
Espírito, foi ao templo; e,
quando os pais trouxeram o
menino Jesus para fazerem
com ele o que a Lei ordenava,
28 Simeão o tomou nos braços
e louvou a Deus, dizendo:
29 Agora, Senhor, podes
despedir em paz o teu servo,
segundo a tua palavra; 30 porque
os meus olhos já viram a tua
salvação, 31 a qual preparaste
diante de todos os povos: 32 luz
para revelação aos gentios,
e para glória do teu povo de
Israel. 33 E estavam o pai e a
mãe do menino admirados
do que dele se dizia. 34 Simeão
os abençoou e disse a Maria,
mãe do menino: Eis que
este menino está destinado
tanto para ruína como para
levantamento de muitos
em Israel e para ser alvo de
contradição 35 (também uma
espada traspassará a tua própria
alma), para que se manifestem
os pensamentos de muitos
corações.

A corrida cristã não é
de curta distância —
é uma maratona.

Linha de chegada

Combati o bom combate,
completei a carreira, guardei a fé.

—2 TIMÓTEO 4:7

Quando Jônatas descobriu que a saúde de sua mãe estava se deteriorando muito rapidamente, ele imediatamente tomou um avião para estar com ela. Sentou-se ao seu lado, segurou-lhe a mão, cantou hinos e a consolou, expressando-lhe todo o seu amor. No culto após a morte dela, muitos lhe disseram como a sua mãe havia sido uma bênção. Ela tinha o dom do ensino da Bíblia, aconselhava outros e liderava grupos de oração. Estas eram partes vitais do seu serviço a Cristo até muito perto do fim de sua vida. A mãe de Jônatas terminou sua caminhada de modo fiel e digno ao lado de Cristo.

Para honrá-la, Jônatas decidiu participar de uma corrida de 42 quilômetros. Durante o percurso, ele agradeceu a Deus pela vida de sua mãe e lamentou por sua perda. Quando cruzou a linha de chegada, Jônatas apontou o seu dedo indicador para o céu, dizendo: "Onde minha mãe está". Ela havia honrado Cristo até o fim, o que trouxe à sua mente as palavras do apóstolo Paulo: "Combati o bom combate, completei a carreira, guardei a fé. Já agora a coroa da justiça me está guardada, a qual o Senhor, reto juiz, me dará naquele Dia..." (2 Timóteo 4:7,8).

Estamos numa "maratona". Corramos de forma que possamos obter o prêmio da "coroa incorruptível" (1 Coríntios 9:25). O que poderia ser mais desejável do que chegar ao fim de modo digno de Cristo e estar com Ele para sempre? —*HDF*

Leitura bíblica de hoje: 2 Timóteo 4:1-8

[1]Conjuro-te, perante Deus
e Cristo Jesus, que há de
julgar vivos e mortos, pela sua
manifestação e pelo seu reino:
[2]prega a palavra, insta, quer seja
oportuno, quer não, corrige,
repreende, exorta com toda
a longanimidade e doutrina.
[3]Pois haverá tempo em que
não suportarão a sã doutrina;
pelo contrário, cercar-se-ão
de mestres segundo as suas
próprias cobiças, como que
sentindo coceira nos ouvidos;
[4]e se recusarão a dar ouvidos
à verdade, entregando-se às
fábulas. [5]Tu, porém, sê sóbrio
em todas as coisas, suporta
as aflições, faze o trabalho
de um evangelista, cumpre
cabalmente o teu ministério.
[6]Quanto a mim, estou sendo
já oferecido por libação, e o
tempo da minha partida é
chegado. [7]Combati o bom
combate, completei a carreira,
guardei a fé. [8]Já agora a coroa
da justiça me está guardada,
a qual o Senhor, reto juiz,
me dará naquele Dia; e não
somente a mim, mas também
a todos quantos amam a sua
vinda.

O amor de Deus por
nós é maior do que as
nossas dificuldades.

Escolha

...o qual, passando pelo vale árido, faz dele um manancial; de bênçãos o cobre a primeira chuva.

—SALMO 84:6

Entre antigas casas e novos comércios, uma piscina antiga parece bem deslocada. As construções adjacentes caem por negligência. O conteúdo lamacento coberto por algas transforma a água fresca e revigorante dos verões juvenis perdidos no passado. Mas há a esperança. Nessa mesma rua, a natureza resiste à passagem do tempo. Uma fonte natural com inesgotável fluxo de água fresca está coberta e escondida por arbustos e videiras.

Os salmistas conheceram tempos de intimidade com o Senhor, e momentos difíceis (Salmo 42:3). Tinham esperança na presença de Deus e estavam convencidos da soberania divina. "Pois um dia nos teus átrios vale mais que mil; prefiro estar à porta da casa do meu Deus, a permanecer nas tendas da perversidade" (84:10).

Não somos vítimas das circunstâncias. Mas podemos permitir que a amargura drene a nossa esperança (Hebreus 12:15) e crer que Deus nos chamou para um trabalho penoso (Números 21:5).

Não há ninguém como o nosso Deus. Aqueles que são fortalecidos por Ele o adoram acima de tudo e passam "pelo vale árido" (Salmo 84:5,6): lugar de rendição, que nos ensina que a submissão libera a presença de Deus em nossa vida. Diferentemente da amarga água da chuva na velha piscina, o nosso coração se enche com a água revitalizante, quando o louvamos. E o que parece ser um tremendo caos revela fontes ocultas de vida. —*RF*

Leitura bíblica de hoje: Salmo 84:1-12

1Quão amáveis são os teus
tabernáculos, Senhor dos
Exércitos! 2A minha alma
suspira e desfalece pelos
átrios do Senhor; o meu
coração e a minha carne
exultam pelo Deus vivo! 3O
pardal encontrou casa, e a
andorinha, ninho para si,
onde acolha os seus filhotes;
eu, os teus altares, Senhor
dos Exércitos, Rei meu e Deus
meu! 4Bem-aventurados os
que habitam em tua casa;
louvam-te perpetuamente.
5Bem-aventurado o homem
cuja força está em ti, em cujo
coração se encontram os
caminhos aplanados, 6o qual,
passando pelo vale árido, faz
dele um manancial; de bênçãos
o cobre a primeira chuva. 7Vão
indo de força em força; cada
um deles aparece diante de
Deus em Sião. 8Senhor, Deus
dos Exércitos, escuta-me a
oração; presta ouvidos, ó Deus
de Jacó! 9Olha, ó Deus, escudo
nosso, e contempla o rosto do
teu ungido. 10Pois um dia nos
teus átrios vale mais que mil;
prefiro estar à porta da casa
do meu Deus, a permanecer
nas tendas da perversidade.
11Porque o Senhor Deus é sol
e escudo; o Senhor dá graça
e glória; nenhum bem sonega
aos que andam retamente. 12Ó
Senhor dos Exércitos, feliz o
homem que em ti confia.

A disciplina de Deus
é a disciplina
do amor.

Lição da dor de dente

É para disciplina que perseverais
(Deus vos trata como filhos);
pois que filho há que o pai não corrige?
—HEBREUS 12:7

C. S. Lewis escreveu em seu livro clássico *Cristianismo Puro e Simples* (Ed. Martins Fontes, 2005). "Quando criança, eu tinha muita dor de dente, e sabia que, se me queixasse à minha mãe, ela me daria algo que faria passar a dor naquela noite e me deixaria dormir. Porém, eu não me queixava, ou só o fazia quando a dor se tornava insuportável. Sabia que, na manhã seguinte, ela me levaria ao dentista. Eu não podia obter dela o que queria sem obter também outra coisa, que não queria. Queria o alívio imediato da dor; mas, para ter isso, teria de submeter meus dentes ao tratamento completo."

Do mesmo modo, talvez nem sempre desejemos ir a Deus de pronto, quando temos um problema ou lutamos em certa área. Sabemos que Ele poderia prover o alívio imediato para nossa dor, no entanto, está mais preocupado em lidar com a raiz do problema. Podemos ter medo de que o Senhor revele questões com as quais estamos despreparados ou indispostos para lidar.

Em momentos como estes, é bom nos lembrarmos de que o Senhor nos "... trata como filhos..." (Hebreus 12:7). Sua disciplina, ainda que eventualmente dolorosa, é sábia; e o Seu toque é amoroso. Deus nos ama demais para nos deixar permanecer como estamos; e Ele quer nos moldar à imagem de Seu Filho, Jesus (Romanos 8:29). Podemos confiar nos propósitos de amor de Deus mais do que em qualquer um de nossos medos. *—PFC*

Leitura bíblica de hoje: Hebreus 12:3-11

3Considerai, pois, atentamente,
aquele que suportou tamanha
oposição dos pecadores contra
si mesmo, para que não vos
fatigueis, desmaiando em
vossa alma. 4Ora, na vossa
luta contra o pecado, ainda
não tendes resistido até ao
sangue 5e estais esquecidos da
exortação que, como a filhos,
discorre convosco: Filho meu,
não menosprezes a correção
que vem do Senhor, nem
desmaies quando por ele és
reprovado; 6porque o Senhor
corrige a quem ama e açoita a
todo filho a quem recebe. 7É
para disciplina que perseverais
(Deus vos trata como filhos);
pois que filho há que o pai
não corrige? 8Mas, se estais
sem correção, de que todos
se têm tornado participantes,
logo, sois bastardos e não
filhos. 9Além disso, tínhamos
os nossos pais segundo a
carne, que nos corrigiam, e os
respeitávamos; não havemos
de estar em muito maior
submissão ao Pai espiritual
e, então, viveremos? 10Pois
eles nos corrigiam por pouco
tempo, segundo melhor lhes
parecia; Deus, porém, nos
disciplina para aproveitamento,
a fim de sermos participantes
da sua santidade. 11Toda
disciplina, com efeito, no
momento não parece ser
motivo de alegria, mas de
tristeza; ao depois, entretanto,
produz fruto pacífico aos que
têm sido por ela exercitados,
fruto de justiça.

Os cristãos são fortes
quando não estão
sozinhos.

Com boa aparência!

Consideremo-nos também uns aos outros,
para nos estimularmos ao amor e às boas obras.

—HEBREUS 10:24

Certo dia, após experimentar os meus novos óculos de sol no carro, minha filha os entregou de volta e disse: "Estes não são óculos de sol, mamãe. São apenas lentes da moda. Deixe-me adivinhar", provocou ela, "você os comprou porque fica bonitinha com eles".

É isso mesmo, preciso admitir — minha filha me conhece. Não tinha sequer pensado em raios UV ou, até mesmo, se aqueles óculos realmente bloqueariam o sol. Simplesmente tinha gostado do meu visual com eles.

A maioria de nós gosta de ter boa aparência. Queremos parecer "que está com tudo em cima" — sem lutas, medos, tentações ou tristezas.

Tentar manter uma fachada de perfeição em nossa jornada espiritual não ajuda nem a nós, nem aos nossos companheiros de viagem. Mas compartilhar a nossa vida com outras pessoas do Corpo de Cristo nos beneficia e também aos outros. Quando somos um pouco mais transparentes, podemos encontrar outras pessoas que enfrentam situações semelhantes. E, quando desfrutamos de uma comunhão cada vez maior com o Senhor e nos tornamos mais conscientes de nossa própria fragilidade e inadequação, Deus pode nos usar mais plenamente para ajudar aos outros.

Permitamos que Deus nos prive de qualquer pretensão egoísta e: "Consideremo-nos também uns aos outros, para nos estimularmos ao amor e às boas obras" (Hebreus 10:24). —*CHK*

Leitura bíblica de hoje: Hebreus 10:19-25

19 Tendo, pois, irmãos,
intrepidez para entrar no
Santo dos Santos, pelo
sangue de Jesus, 20 pelo novo
e vivo caminho que ele nos
consagrou pelo véu, isto é,
pela sua carne, 21 e tendo
grande sacerdote sobre a casa
de Deus, 22 aproximemo-nos,
com sincero coração, em plena
certeza de fé, tendo o coração
purificado de má consciência e
lavado o corpo com água pura.
23 Guardemos firme a confissão
da esperança, sem vacilar, pois
quem fez a promessa é fiel.
24 Consideremo-nos também
uns aos outros, para nos
estimularmos ao amor e às
boas obras. 25 Não deixemos
de congregar-nos, como é
costume de alguns; antes,
façamos admoestações e tanto
mais quanto vedes que o Dia
se aproxima.

Quando você conta as
suas bênçãos,
o louvor a Deus surge
naturalmente.

Permita-me cantar

Todo ser que respira louve ao SENHOR, Aleluia!

—SALMO 150:6

Quando perguntei a um amigo como a mãe dele estava, ele me confidenciou que a demência tinha lhe roubado a sua habilidade de lembrar-se de muitos nomes e acontecimentos do passado. Mas acrescentou: "Mesmo assim, ela ainda pode sentar-se ao piano e, sem a partitura, tocar lindamente os hinos decorados."

Platão e Aristóteles escreveram sobre o poder curador da música há 2500 anos. Mas séculos antes disso, o relato bíblico já estava repleto com música.

Desde a primeira menção a Jubal, "...pai de todos os que tocam harpa e flauta" (Gênesis 4:21), até aqueles que "...entoavam o cântico de Moisés, servo de Deus, e o cântico do Cordeiro" (Apocalipse 15:3), as páginas da Bíblia ressoam com música. Os salmos, muitas vezes chamados de "livros de cânticos da Bíblia", mostram-nos o amor e a fidelidade de Deus. Eles se encerram com um chamado incessante à adoração: "Todo ser que respira louve ao SENHOR. Aleluia!" (Salmo 150:6).

Hoje, precisamos do ministério da música de Deus em nosso coração como em qualquer momento da história. Independentemente do que cada dia trouxer, que a noite nos encontre cantando: "A ti, força minha, cantarei louvores, porque Deus é meu alto refúgio, é o Deus da minha misericórdia" (59:17).

—DCM

Leitura bíblica de hoje: Salmo 150

[1]Aleluia! Louvai a Deus no
seu santuário; louvai-o no
firmamento, obra do seu poder.
[2]Louvai-o pelos seus poderosos
feitos; louvai-o consoante a sua
muita grandeza. [3]Louvai-o ao
som da trombeta; louvai-o com
saltério e com harpa. [4]Louvai-o
com adufes e danças; louvai-o
com instrumentos de cordas
e com flautas. [5]Louvai-o com
címbalos sonoros; louvai-o
com címbalos retumbantes.
[6]Todo ser que respira louve ao
SENHOR. Aleluia!

Quando oramos,
Deus pode
tranquilizar o nosso
coração e aquietar a
nossa mente.

Pronto para orar

Ao meu coração me ocorre: Buscai a minha presença; buscarei, pois, SENHOR, a tua presença.

—SALMO 27:8

Enquanto viajava de avião com as filhas de 4 e 2 anos, uma jovem mãe se esforçava para mantê-las ocupadas, para que não incomodassem os outros passageiros. Quando a voz do piloto fez um anúncio pelo sistema de som, Catarina, a filha caçula, parou as atividades e abaixou a cabeça. Quando o piloto terminou de falar, ela sussurrou: "Amém". Talvez, por ter ocorrido uma catástrofe natural pouco tempo antes, a menina pensou que o piloto estivesse orando.

Como aquela garotinha, quero um coração que leve rapidamente os meus pensamentos à oração. Acho que seria justo dizer que o salmista Davi tinha esse tipo de coração. Temos pistas disso no Salmo 27, no qual ele fala sobre enfrentar inimigos difíceis (v.2). Davi declarou: "...buscarei, pois, SENHOR, a tua presença" (v.8). Alguns dizem que, ao escrever este salmo, Davi estava lembrando-se do tempo em que fugia de Saul (1 Samuel 21:10) ou de seu filho Absalão (2 Samuel 15:13,14). A oração e a dependência em Deus estavam no primeiro plano do pensamento de Davi, e ele descobriu que Senhor era o seu santuário (Salmo 27:4,5).

Nós também precisamos de um santuário. Ler ou orar as palavras deste salmo e de outros pode nos ajudar a desenvolver essa proximidade com o nosso Deus Pai. À medida que Deus se tornar o nosso santuário, voltaremos mais prontamente o nosso coração a Ele em oração. —*AMC*

Leitura bíblica de hoje: Salmo 27:7-14

7Ouve, Senhor, a minha voz;
eu clamo; compadece-te de
mim e responde-me. 8Ao meu
coração me ocorre: Buscai a
minha presença; buscarei, pois,
Senhor, a tua presença. 9Não
me escondas, Senhor, a tua
face, não rejeites com ira o
teu servo; tu és o meu auxílio,
não me recuses, nem me
desampares, ó Deus da minha
salvação. 10Porque, se meu pai e
minha mãe me desampararem,
o Senhor me acolherá.

11Ensina-me, Senhor, o teu
caminho e guia-me por vereda
plana, por causa dos que me
espreitam. 12Não me deixes à
vontade dos meus adversários;
pois contra mim se levantam
falsas testemunhas e os que
só respiram crueldade. 13Eu
creio que verei a bondade do
Senhor na terra dos viventes.
14Espera pelo Senhor, tem
bom ânimo, e fortifique-se o
teu coração; espera, pois, pelo
Senhor.

Qualquer ritual pode
perder o significado,
mas isso não o torna
sem significado.

O poder do ritual

...fazei isto em memória de mim.
—1 CORÍNTIOS 11:24

Durante a minha infância, uma das regras em nossa casa era a de que não podíamos ir dormir com o sentimento de raiva: "Irai-vos e não pequeis; não se ponha o sol sobre a vossa ira" (Efésios 4:26). Todas as nossas brigas e divergências tinham que ser resolvidas. Essa regra era acompanhada do ritual da hora de dormir: mamãe e papai diziam a mim e a meu irmão: "Boa noite, amo você." E respondíamos: "Boa noite, amo você também".

O valor desse ritual familiar ficou, recentemente, marcado em mim. Minha mãe em um leito hospitalar, morria aos poucos de câncer de pulmão. Ela foi ficando cada vez menos responsiva, mas todas as noites ao deixá-la eu dizia: "Amo você mamãe." E ainda que não pudesse dizer quase nada, ela ainda, respondia: "Amo você também." Durante a minha infância eu não tinha percebido a dádiva que esse ritual seria para mim tantos anos mais tarde.

O tempo e a repetição podem privar os nossos rituais de seus significados. Mas alguns deles são lembretes importantes de verdades espirituais vitais. Os cristãos do primeiro século fizeram mau uso do ritual da Ceia do Senhor, mas o apóstolo Paulo os aconselhou a não parar de celebrá-la. Ao contrário, ele lhes disse: "Porque, todas as vezes que comerdes este pão e beberdes o cálice, anunciais a morte do Senhor, até que ele venha" (1 Coríntios 11:26).

Ao invés de desistir do ritual, talvez precisemos restaurar seu significado. *—JAL*

Leitura bíblica de hoje: 1 Coríntios 11:23-34

[23]Porque eu recebi do Senhor
o que também vos entreguei:
que o Senhor Jesus, na noite
em que foi traído, tomou o
pão; [24]e, tendo dado graças,
o partiu e disse: Isto é o meu
corpo, que é dado por vós;
fazei isto em memória de
mim. [25]Por semelhante modo,
depois de haver ceado, tomou
também o cálice, dizendo: Este
cálice é a nova aliança no meu
sangue; fazei isto, todas as vezes
que o beberdes, em memória
de mim. [26]Porque, todas as
vezes que comerdes este pão e
beberdes o cálice, anunciais a
morte do Senhor, até que ele
venha. [27]Por isso, aquele que
comer o pão ou beber o cálice
do Senhor, indignamente, será
réu do corpo e do sangue do
Senhor. [28]Examine-se, pois, o
homem a si mesmo, e, assim,
coma do pão, e beba do cálice;
[29]pois quem come e bebe sem
discernir o corpo, come e bebe
juízo para si. [30]Eis a razão por
que há entre vós muitos fracos
e doentes e não poucos que
dormem. [31]Porque, se nos
julgássemos a nós mesmos,
não seríamos julgados. [32]Mas,
quando julgados, somos
disciplinados pelo Senhor, para
não sermos condenados com o
mundo. [33]Assim, pois, irmãos
meus, quando vos reunis
para comer, esperai uns pelos
outros. [34]Se alguém tem fome,
coma em casa, a fim de não vos
reunirdes para juízo. Quanto às
demais coisas, eu as ordenarei
quando for ter convosco.

O contentamento que
vem de Deus vai além
das circunstâncias.

Fonte de contentamento

...Deus [...] fez o que era apropriado e tornou Jesus perfeito por meio do sofrimento...

—HEBREUS 2:10 (NTLH)

Biju Thampy conhecia a pobreza. Um filantropo anônimo o enviou à Inglaterra para ele preparar-se para o ministério. Ávido por cumprir a Grande Comissão, o jovem pediu que parte do orçamento de sua alimentação fosse usado em missões. Uma refeição por dia seria o suficiente para ele. Hoje, a igreja dele na Índia, alimenta cerca de mil crianças todos os dias, e lhes ensina o evangelho. É pouco, pois há mais de 200 mil crianças abandonadas naquela cidade.

Medimos o contentamento com base nas circunstâncias. Nossa cultura nos diz: "tenha, e do seu jeito". Se você comprar algo e não funcionar bem, devolva. Se o relacionamento não der certo, termine. Se o emprego não for tão bom, procure outro. Se você sentir um vazio, algo ou alguém poderá preenchê-lo. Recusamo-nos à privação.

Tentar encontrar respostas nas circunstâncias nos torna hesitantes sobre a provisão de Deus (Tiago 1:5-8). Somente Cristo pode conceder o que precisamos.

O contentamento é uma escolha que começa ao vermos a vida sob a perspectiva de Deus (Jó 28:24). Se o Senhor é nossa fonte, as nossas necessidades se definem por Sua vontade. Vamos então:

- Confiar no Senhor acima de tudo (Filipenses 4:6,7).
- Encher nossa mente com o que importa (v.8).
- Contentar-nos com o que temos e ter em Cristo a nossa fonte de satisfação (vv.11-13). —*RF*

Leitura bíblica de hoje: Hebreus 2:9-18

9 vemos, todavia, aquele que,
por um pouco, tendo sido
feito menor que os anjos,
Jesus, por causa do sofrimento
da morte, foi coroado de
glória e de honra, para que,
pela graça de Deus, provasse
a morte por todo homem.
10 Porque convinha que
aquele, por cuja causa e por
quem todas as coisas existem,
conduzindo muitos filhos à
glória, aperfeiçoasse, por meio
de sofrimentos, o Autor da
salvação deles. 11 Pois, tanto
o que santifica como os que
são santificados, todos vêm
de um só. Por isso, é que ele
não se envergonha de lhes
chamar irmãos, 12 dizendo: A
meus irmãos declararei o teu
nome, cantar-te-ei louvores
no meio da congregação. 13 E
outra vez: Eu porei nele a
minha confiança. E ainda: Eis
aqui estou eu e os filhos que
Deus me deu. 14 Visto, pois,
que os filhos têm participação
comum de carne e sangue,
destes também ele, igualmente,
participou, para que, por sua
morte, destruísse aquele que
tem o poder da morte, a saber,
o diabo, 15 e livrasse todos que,
pelo pavor da morte, estavam
sujeitos à escravidão por toda a
vida. 16 Pois ele, evidentemente,
não socorre anjos, mas socorre
a descendência de Abraão.
17 Por isso mesmo, convinha
que, em todas as coisas, se
tornasse semelhante aos
irmãos, para ser misericordioso
e fiel sumo sacerdote nas coisas
referentes a Deus e para fazer
propiciação pelos pecados
do povo. 18 Pois, naquilo que
ele mesmo sofreu, tendo sido
tentado, é poderoso para
socorrer os que são tentados.

Podemos confessar
os nossos erros
justamente por
não poder escondê-los
de Deus.

Limpeza interior

Sonda-me, ó Deus, e conhece o meu coração...

—SALMO 139:23

Até hoje consigo ouvir a minha mãe exigindo que eu limpasse o meu quarto. Obediente, eu entrava nele para iniciar o processo, mas simplesmente me distraía lendo o gibi que deveria empilhar com os outros. Em pouco tempo, a distração era interrompida pelo aviso de minha mãe de que ela chegaria em cinco minutos para inspecionar o aposento. Incapaz de limpá-lo bem naquele curto espaço de tempo, eu escondia no guarda-roupa tudo o que não sabia qual destino dar; arrumava a cama e aguardava ela entrar — esperando que não olhasse dentro do armário.

Isto me lembra do que muitos de nós fazemos com a nossa vida. Limpamos o exterior esperando que ninguém olhe o nosso interior, onde escondemos os nossos pecados por meio de racionalizações e justificativas, além de culpar os outros por nossas falhas.

O problema é que enquanto parecemos bons exteriormente, permanecemos bem cientes da bagunça interior. O salmista nos encoraja a nos submetermos à inspeção de limpeza de Deus: "Sonda-me, ó Deus, e conhece o meu coração, prova-me e conhece os meus pensamentos; vê se há em mim algum caminho mau e guia-me pelo caminho eterno" (Salmo 139:23,24). Vamos convidar o Senhor para inspecionar e limpar cada canto de nossa vida. —*JMS*

Leitura bíblica de hoje: Salmo 139:13-24

[13]Pois tu formaste o meu
interior, tu me teceste no
seio de minha mãe. [14]Graças
te dou, visto que por modo
assombrosamente maravilhoso
me formaste; as tuas obras são
admiráveis, e a minha alma
o sabe muito bem; [15]os meus
ossos não te foram encobertos,
quando no oculto fui formado
e entretecido como nas
profundezas da terra. [16]Os teus
olhos me viram a substância
ainda informe, e no teu livro
foram escritos todos os meus
dias, cada um deles escrito e
determinado, quando nem
um deles havia ainda. [17]Que
preciosos para mim, ó Deus,
são os teus pensamentos! E
como é grande a soma deles!
[18]Se os contasse, excedem
os grãos de areia; contaria,
contaria, sem jamais chegar ao
fim. [19]Tomara, ó Deus, desses
cabo do perverso; apartai-
vos, pois, de mim, homens
de sangue. [20]Eles se rebelam
insidiosamente contra ti e
como teus inimigos falam
malícia. [21]Não aborreço eu,
SENHOR, os que te aborrecem?
E não abomino os que contra
ti se levantam? [22]Aborreço-os
com ódio consumado;
para mim são inimigos de
fato. [23]Sonda-me, ó Deus,
e conhece o meu coração,
prova-me e conhece os meus
pensamentos; [24]vê se há em
mim algum caminho mau e
guia-me pelo caminho eterno.

Cristo é o maior
presente que o homem
já recebeu.

Um nascimento especial

Eis que a virgem conceberá e dará à luz um filho e lhe chamará Emanuel.

—ISAÍAS 7:14

Nas páginas das Escrituras destacam-se vários nascimentos de meninos. Caim, o primogênito após a criação. Isaque, a esperança do futuro de Israel. Samuel, a resposta à oração fervorosa de uma mãe. Todos esses foram extremamente importantes e esperados com alegria. E todos foram descritos exatamente da mesma maneira pelos cronistas das Escrituras. Em cada caso, nos é dito que a mãe concebeu e deu à luz um filho (Gênesis 4:1; 21:2,3; 1 Samuel 1:20).

Analisemos o nascimento de mais um menino. A descrição desta chegada foi muito mais detalhada: certamente apenas algumas palavras não foram suficientes para relatar o nascimento de Jesus. Em Miqueias está escrito onde o Senhor nasceria — Belém (5:2). Em Isaías, lemos que a mãe dele seria uma virgem (7:14), e que Jesus viria para salvar as pessoas de seus pecados (Isaías 53).

O Novo Testamento traz informações-chave sobre qual seria o Seu nome e a razão de assim o chamarem (Mateus 1:21), onde Ele nasceria em cumprimento à profecia: "...porque de ti sairá o Guia que há de apascentar a meu povo" (2:6), e como a sua mãe biológica e o seu pai adotivo faziam parte do plano de Deus: "...Jacó gerou a José, marido de Maria, da qual nasceu Jesus, que se chama o Cristo" (1:16).

O nascimento de Jesus está acima de todos os nascimentos. Sua vinda mudou o mundo e pode mudar a nossa vida. Celebremos esta grande dádiva! —*JDB*

Leitura bíblica de hoje: Isaías 7:10-15

10 E continuou o SENHOR a
falar com Acaz, dizendo: 11 Pede
ao SENHOR, teu Deus, um
sinal, quer seja embaixo, nas
profundezas, ou em cima, nas
alturas. 12 Acaz, porém, disse:
Não o pedirei, nem tentarei
ao SENHOR. 13 Então, disse o
profeta: Ouvi, agora, ó casa
de Davi: acaso, não vos basta
fatigardes os homens, mas
ainda fatigais também ao meu
Deus? 14 Portanto, o Senhor
mesmo vos dará um sinal: eis
que a virgem conceberá e dará
à luz um filho e lhe chamará
Emanuel. 15 Ele comerá
manteiga e mel quando souber
desprezar o mal e escolher o
bem. 16 Na verdade, antes que
este menino saiba desprezar
o mal e escolher o bem, será
desamparada a terra ante cujos
dois reis tu tremes de medo.

Deus sempre cumpre o que promete.

A espera

Ele creu no SENHOR,
e isso lhe foi imputado para justiça.
—GÊNESIS 15:6

Qualquer mãe pode afirmar que o tempo de espera para se dar à luz é uma experiência que produz paciência. Mas pobre da mãe elefanta! A sua gravidez demora aproximadamente 22 meses! Há uma espécie de tubarão cuja gestação dura de 22 a 24 meses. E nas elevações de mais de 1.400 metros, a salamandra dos Alpes suporta uma gestação de mais de 38 meses!

Abraão pode ser comparado a esses exemplos da natureza. Em sua velhice, o Senhor lhe fez uma promessa: "...de ti farei uma grande nação, e te abençoarei..." (Gênesis 12:2). Mas, com o passar dos anos, Abraão questionou como seria possível o cumprimento dessa promessa sem ter o alicerce inicial — um filho (15:2). Então o Senhor lhe assegurou que um filho gerado por ele mesmo seria o seu herdeiro (v.4).

Apesar da idade avançada, Abraão creu em Deus e foi chamado de justo (v.6). No entanto, ele esperou 25 anos desde o tempo da promessa até o nascimento de Isaque (17:1,17).

Esperar até que se cumpram as promessas de Deus faz parte de nossa confiança nele. Não importa o quanto demorem a se concretizar, precisamos esperar por Ele. Como o autor da carta de Hebreus nos lembra: "Guardemos firme a confissão da esperança, sem vacilar, pois quem fez a promessa é fiel" (10:23). *—MLW*

Leitura bíblica de hoje: Gênesis 15:1-6

[1]Depois destes acontecimentos,
veio a palavra do SENHOR a
Abrão, numa visão, e disse:
Não temas, Abrão, eu sou
o teu escudo, e teu galardão
será sobremodo grande.
[2]Respondeu Abrão: SENHOR
Deus, que me haverás de dar,
se continuo sem filhos e o
herdeiro da minha casa é o
damasceno Eliézer? [3]Disse
mais Abrão: A mim não me
concedeste descendência, e
um servo nascido na minha
casa será o meu herdeiro. [4]A
isto respondeu logo o SENHOR,
dizendo: Não será esse o teu
herdeiro; mas aquele que
será gerado de ti será o teu
herdeiro. [5]Então, conduziu-o
até fora e disse: Olha para os
céus e conta as estrelas, se é
que o podes. E lhe disse: Será
assim a tua posteridade. [6]Ele
creu no SENHOR, e isso lhe foi
imputado para justiça.

A fé nos ajuda a
aceitar o que não
podemos entender.

Questão de perspectiva

...Serei glorificado em Faraó e em todo o seu exército; e saberão os egípcios que eu sou o Senhor...

—ÊXODO 14:4

Você é parte do problema ou parte da solução? Se esta questão for apresentada durante uma reunião de negócios, um conselho de igreja ou uma discussão familiar, ela geralmente surgirá de um sentimento de desespero na tentativa de compreender porque alguém age de certa maneira. Frequentemente, a resposta é uma questão de perspectiva.

Se estivéssemos entre os israelitas que saíram do Egito após 400 anos de escravidão, talvez tivéssemos visto Faraó como parte do problema — e realmente ele era. No entanto, Deus viu algo mais.

Inexplicavelmente, o Senhor ordenou que Moisés levasse o povo de volta em direção ao Egito e acampasse de costas para o mar Vermelho, assim Faraó os atacaria (Êxodo 14:1-3). Os israelitas pensaram que iriam morrer, mas Deus lhes disse que Senhor receberia a glória e honra para si próprio por intermédio do Faraó e todo o seu exército, "...e saberão os egípcios que eu sou o Senhor" (vv.4,17,18).

Quando não podemos entender porque Deus permite as circunstâncias que ameaçam nos derrubar, é bom lembrar que Ele tem o nosso bem e a Sua glória em mente. Se orarmos dizendo: "Pai, por favor, capacita-nos para confiar no Senhor e honrá-lo nesta situação", então estaremos em sintonia com a Sua perspectiva e plano. *—DCM*

Leitura bíblica de hoje: Êxodo 14:1-14

1 Disse o SENHOR a Moisés:
2 Fala aos filhos de Israel que
retrocedam e se acampem [...]
3 Então, Faraó dirá dos filhos
de Israel: Estão desorientados
na terra, o deserto os encerrou.
4 Endurecerei o coração de
Faraó, para que os persiga, e
serei glorificado em Faraó e em
todo o seu exército; e saberão
os egípcios que eu sou o
SENHOR. Eles assim o fizeram.
5 Sendo, pois, anunciado ao
rei do Egito que o povo fugia,
mudou-se o coração de Faraó
e dos seus oficiais contra o
povo, e disseram: Que é isto
que fizemos, permitindo que
Israel nos deixasse de servir?
6 E aprontou Faraó o seu carro
e tomou consigo o seu povo;
7 e tomou também seiscentos
carros escolhidos e todos os
carros do Egito com capitães
sobre todos eles. 8 Porque o
SENHOR endureceu o coração
de Faraó, rei do Egito, para
que perseguisse os filhos de
Israel; porém os filhos de
Israel saíram afoitamente.
9 Perseguiram-nos os egípcios,
todos os cavalos e carros de
Faraó, e os seus cavalarianos, e
o seu exército e os alcançaram
acampados junto ao mar, perto
de Pi-Hairote, defronte de
Baal-Zefom. 10 E, chegando
Faraó, os filhos de Israel
levantaram os olhos, e eis que
os egípcios vinham atrás deles,
e temeram muito; então, os
filhos de Israel clamaram ao
SENHOR. 11 Disseram a Moisés:
Será, por não haver sepulcros
no Egito, que nos tiraste de
lá, para que morramos neste
deserto? Por que nos trataste
assim, fazendo-nos sair do
Egito? 12 Não é isso o que te
dissemos no Egito: deixa-nos,
para que sirvamos os egípcios?
Pois melhor nos fora servir aos
egípcios do que morrermos
no deserto. 13 Moisés, porém,
respondeu ao povo: Não
temais; aquietai-vos e vede
o livramento do SENHOR
que, hoje, vos fará; porque
os egípcios, que hoje vedes,
nunca mais os tornareis a ver.
14 O SENHOR pelejará por vós, e
vós vos calareis.

O Espírito Santo
desenvolve em nós a
nítida imagem
de Cristo.

Ciente da imagem

E todos nós, [...] somos transformados,
[...] pelo Senhor, o Espírito.

—2 CORÍNTIOS 3:18

Ao rever antigas fotos familiares, meus primos e eu nos divertimos tentando descobrir quais características físicas cada um herdou. Primeiro percebemos o que consideramos negativo: pernas curtas, dentes tortos, topetes rebeldes. Podemos identificar facilmente em nossos ancestrais as partes do nosso corpo menos preferidas. Além dos atributos físicos, herdamos traços de caráter — alguns bons, outros nem tanto. Contudo, nem sempre prestamos tanta atenção a estes.

De acordo com minhas observações não científicas, as pessoas tentam todos os tipos de métodos para superar suas imperfeições físicas: séries de exercícios, programas de perda de peso, maquiagem, tingimento de cabelos, cirurgia estética etc. Mas em vez de tentarmos superar as falhas em nosso caráter, tendemos a usá-las como pretexto para o mau comportamento. Suponho que isso ocorra porque mudar a nossa aparência, com certeza, é mais fácil do que mudar o nosso caráter. Mas imagine como seríamos melhores se aplicássemos essa mesma energia e empenho no desenvolvimento do nosso caráter.

Como filhas de Deus, não estamos limitadas à nossa composição genética. Podemos entregar as nossas falhas ao Senhor e permitir que Ele cumpra o potencial que tinha em mente quando nos criou como expressões únicas de Seu amor. O poder de Espírito de Deus e a vida do Seu Filho estão agindo em nós, nos conformando à Sua imagem" (2 Coríntios 3:18). —*JAL*

Leitura bíblica de hoje: 2 Coríntios 3:1-3, 17,18

1Começamos, porventura,
outra vez a recomendar-nos
a nós mesmos? Ou temos
necessidade, como alguns, de
cartas de recomendação para
vós outros ou de vós? 2Vós sois
a nossa carta, escrita em nosso
coração, conhecida e lida por
todos os homens, 3estando
já manifestos como carta de
Cristo, produzida pelo nosso
ministério, escrita não com
tinta, mas pelo Espírito do
Deus vivente, não em tábuas
de pedra, mas em tábuas de
carne, isto é, nos corações.
17Ora, o Senhor é o Espírito; e,
onde está o Espírito do Senhor,
aí há liberdade. 18E todos
nós, com o rosto desvendado,
contemplando, como por
espelho, a glória do Senhor,
somos transformados, de glória
em glória, na sua própria
imagem, como pelo Senhor,
o Espírito.

Nossas ações revelam
se somos obedientes ao
Senhor Deus.

Imaculados

Pois esta é a vontade de Deus: a vossa santificação, que vos abstenhais da prostituição.

—1 TESSALONICENSES 4:3

Meu marido e eu trabalhamos com jovens há quase duas décadas. Entre as notícias sobre os casamentos, sempre vejo nomes e rostos conhecidos. Ao ler sobre um casal que não reconheci, me conscientizei da fragmentação da nossa sociedade. O casal parecia feliz negando as consequências de terem celebrado sua lua de mel antes do casamento.

Infelizmente, o sexo fora do casamento tornou-se comum, até na igreja. Justificamos dizendo que merecemos ser felizes ou porque, afinal, o casamento está próximo. Criamos regras próprias e desobedecemos aos mandamentos de Deus. O resultado é desastroso, especialmente porque o pecado proibido causa prazer.

Nossa carne deseja os benefícios do prazer sexual sem os limites da Palavra de Deus, mas lemos: "Digno de honra entre todos seja o matrimônio, bem como o leito sem mácula...." (Hebreus 13:4). A pureza sexual ultrapassa o corpo e chega ao coração (1 Coríntios 6:18-20). Estamos dispostas a confiar nos padrões de Deus porque confiamos em Seu amor? Faremos as coisas do nosso jeito porque o jeito dele parece injusto ou difícil demais?

Deus concebeu o sexo para ser algo bom (Gênesis 2:24), e a honra do homem e a beleza da mulher irradiam da sua escolha de não "...perturbar o nosso amor" (Cântico dos Cânticos 2:7 NTLH). Deus honra o casamento. *—RF*

Leitura bíblica de hoje: 1 Tessalonicenses 4:1-7

1 Finalmente, irmãos, nós
vos rogamos e exortamos
no Senhor Jesus que, como
de nós recebestes, quanto à
maneira por que deveis viver e
agradar a Deus, e efetivamente
estais fazendo, continueis
progredindo cada vez mais;
2 porque estais inteirados de
quantas instruções vos demos
da parte do Senhor Jesus. 3 Pois
esta é a vontade de Deus: a
vossa santificação, que vos
abstenhais da prostituição; 4 que
cada um de vós saiba possuir o
próprio corpo em santificação
e honra, 5 não com o desejo
de lascívia, como os gentios
que não conhecem a Deus; 6 e
que, nesta matéria, ninguém
ofenda nem defraude a seu
irmão; porque o Senhor, contra
todas estas coisas, como antes
vos avisamos e testificamos
claramente, é o vingador,
7 porquanto Deus não nos
chamou para a impureza, e sim
para a santificação.

Quem se abriga na escuridão torna-se vulnerável ao inimigo.

Transparência

...Como, pois, assentaste no coração este desígnio? Não mentiste aos homens, mas a Deus.

—ATOS 5:4

Era cedo para o meu compromisso e aproveitei a quietude do trajeto, a despeito do trânsito congestionado. De repente, meu telefone celular soou. Atendi e ouvi a voz alegre da minha irmã dizer: "Estou acenando para você há cinco minutos! Você deve estar perdida em pensamentos!" "Onde você está?", perguntei. "No carro à sua frente!" Eu não a tinha visto acenar porque o carro dela tem película escura.

Como igreja, somos chamadas a viver em comunidade. A ideia de nos observarem ou saberem sobre o lixo em nossa vida pode gerar desconforto. Mas é necessário que nos conheçam, é básico nos relacionamentos, e uma segurança contra os dispositivos do inimigo.

Ananias e Safira mentiram sobre a doação de toda a receita obtida com a venda da sua propriedade. Foram julgados por fingirem ser o que não eram. Fingiram imitar a sinceridade dos seus próximos (Atos 4:34-37), e esqueceram que Deus conhece a verdadeira condição do nosso coração (Provérbios 24:12). Valorizemos a:

- Santidade e sinceridade em tudo o que fizermos (2 Coríntios 1:12).
- Honestidade sobre onde estamos espiritualmente (Efésios 4:25).
- Aceitação dos alertas dos que nos amam (Provérbios 27:6).

Os cristãos que levam a sério a presença do Espírito Santo que neles habita, reconhecem o significado da transparência. *—RF*

Leitura bíblica de hoje: Atos 5:1-12

1Entretanto, certo homem,
chamado Ananias, com sua
mulher Safira, vendeu uma
propriedade, 2mas, em acordo
com sua mulher, reteve parte
do preço e, levando o restante,
depositou-o aos pés dos
apóstolos. 3Então, disse Pedro:
Ananias, por que encheu
Satanás teu coração, para que
mentisses ao Espírito Santo,
reservando parte do valor
do campo? 4Conservando-o,
porventura, não seria teu? E,
vendido, não estaria em teu
poder? Como, pois, assentaste
no coração este desígnio?
Não mentiste aos homens,
mas a Deus. 5Ouvindo estas
palavras, Ananias caiu e
expirou, sobrevindo grande
temor a todos os ouvintes.
6Levantando-se os moços,
cobriram-lhe o corpo e,
levando-o, o sepultaram.
7Quase três horas depois,
entrou a mulher de Ananias,
não sabendo o que ocorrera.
8Então, Pedro, dirigindo-se a
ela, perguntou-lhe: Dize-me,
vendestes por tanto aquela
terra? Ela respondeu: Sim, por
tanto. 9Tornou-lhe Pedro: Por
que entrastes em acordo para
tentar o Espírito do Senhor?
Eis aí à porta os pés dos que
sepultaram o teu marido, e
eles também te levarão. 10No
mesmo instante, caiu ela
aos pés de Pedro e expirou.
Entrando os moços, acharam-
na morta e, levando-a,
sepultaram-na junto do
marido. 11E sobreveio grande
temor a toda a igreja e a todos
quantos ouviram a notícia
destes acontecimentos. 12Muitos
sinais e prodígios eram feitos
entre o povo pelas mãos dos
apóstolos. E costumavam todos
reunir-se, de comum acordo,
no Pórtico de Salomão.

Somos servas do
Senhor, chamadas
para transmitir a Sua
mensagem redentora por
intermédio de nossa vida.

Somos conhecidas

Antes que eu te formasse no ventre materno,
eu te conheci, e, antes que saísses da madre, te consagrei...

—JEREMIAS 1:5

Gosto de café descafeinado, sem calorias, superquente, bem encorpado, mas não o saboreio todo dia. Acho que o meu pedido específico fez o atendente lembrar-se de quem sou e do meu nome. A surpresa por ele me reconhecer fez minha ficha cair. Uma lição do Senhor — sou conhecida.

Quem sou eu? Para onde estou indo? A minha vida faz a diferença? Esmagadas pelas mentiras do diabo a respeito da nossa insignificância, às vezes nos escondemos. De repente, ouvimos uma voz e percebemos que o Deus do Universo nos chamou pelo nome! (Isaías 43:1). Não somos apenas observadas. Somos conhecidas.

Jeremias, o profeta chorão, foi separado e escolhido desde o ventre da sua mãe. Ele foi um facilitador do plano divino de redenção; levando os israelitas ao arrependimento. A complexidade da sua tarefa às vezes o confundia.

Talvez os desafios da vida a tenham feito questionar se o que você sabe é verdade. Deus sabe quantos cabelos tenho? Ele enxerga os meus vales profundos? (Jeremias 15:15-18).

Em 1 Pedro 2:9 lemos que somos: "...raça eleita, sacerdócio real, nação santa, povo de propriedade exclusiva de Deus...". O Senhor quer que descansemos na certeza de que somos conhecidas e que Ele é um Deus que "...[está] vigiando para que as [Suas] palavras se cumpram" (Jeremias 1:12). —*RF*

Leitura bíblica de hoje: Jeremias 1:4-12

4A mim me veio, pois, a
palavra do SENHOR, dizendo:
5Antes que eu te formasse no
ventre materno, eu te conheci,
e, antes que saísses da madre, te
consagrei, e te constituí profeta
às nações. 6Então, lhe disse eu:
ah! SENHOR Deus! Eis que não
sei falar, porque não passo de
uma criança. 7Mas o SENHOR
me disse: Não digas: Não
passo de uma criança; porque a
todos a quem eu te enviar irás;
e tudo quanto eu te mandar
falarás. 8Não temas diante
deles, porque eu sou contigo
para te livrar, diz o SENHOR.
9Depois, estendeu o SENHOR
a mão, tocou-me na boca e
o SENHOR me disse: Eis que
ponho na tua boca as minhas
palavras. 10Olha que hoje te
constituo sobre as nações e
sobre os reinos, para arrancares
e derribares, para destruíres
e arruinares e também para
edificares e para plantares.
11Veio ainda a palavra do
SENHOR, dizendo: Que vês tu,
Jeremias? Respondi: vejo uma
vara de amendoeira. 12Disse-me
o SENHOR: Viste bem, porque
eu velo sobre a minha palavra
para a cumprir.

Vivamos de tal forma
que demonstremos o
amor de Deus em nós.

Por que você está aqui?

As pessoas que pertencem a Cristo Jesus crucificaram a natureza humana [...] com todas as paixões e desejos dessa natureza.

—GÁLATAS 5:24

"Tudo bem, cuido disso", finalizei bruscamente. Fiz o que não queria ter feito e frustrei-me. Pouco antes eu tinha dito a uma amiga que Deus estava me ensinando a confiar em meu marido, ao invés de reagir. Será que conseguiria aprender?

Enquanto estivermos vivas, dois desejos lutarão em nosso interior (Gálatas 5:17). Em Sua morte na cruz, Jesus destruiu o poder do pecado sobre nós. Mas a nossa luta com o pecado não se encerra ao recebermos a salvação (Romanos 7:18). Cristo nos deixou claro que a obediência e a renúncia são decisões diárias (Lucas 9:23).

O inimigo quer nos convencer de que não estamos indo a lugar algum, que nunca seremos livres, que nada mudou, e que o poder de Deus não é real. Enraivecidas por fazer o que não devemos, questionamos se essas mentiras são verdadeiras.

Não vencemos nossa natureza pecaminosa com esforço próprio — a salvação vem pela graça (Efésios 2:8). Ao escolher essa graça, minha vida não mais me pertence "...já não sou eu quem vive, mas Cristo vive em mim; e esse viver que, agora, tenho na carne, vivo pela fé no Filho de Deus..." (Gálatas 2:20). Posso vencer a tentação ao, entregar minha vida a Cristo e Ele viver em mim (Romanos 6:6-8).

Não podemos andar onde não escolhemos ir. A pessoa espiritualmente morta rejeitou a liberdade e a vida que se encontra em Jesus. *—RF*

Leitura bíblica de hoje: Gálatas 2:20; 5:16-24

[20]logo, já não sou eu quem
vive, mas Cristo vive em mim;
e esse viver que, agora, tenho
na carne, vivo pela fé no Filho
de Deus, que me amou e a
si mesmo se entregou por
mim. [16]Digo, porém: andai
no Espírito e jamais satisfareis
à concupiscência da carne.
[17]Porque a carne milita contra
o Espírito, e o Espírito, contra
a carne, porque são opostos
entre si; para que não façais o
que, porventura, seja do vosso
querer. [18]Mas, se sois guiados
pelo Espírito, não estais sob a
lei. [19]Ora, as obras da carne são
conhecidas e são: prostituição,
impureza, lascívia, [20]idolatria,
feitiçarias, inimizades, porfias,
ciúmes, iras, discórdias,
dissensões, facções, [21]invejas,
bebedices, glutonarias e coisas
semelhantes a estas, a respeito
das quais eu vos declaro,
como já, outrora, vos preveni,
que não herdarão o reino
de Deus os que tais coisas
praticam. [22]Mas o fruto do
Espírito é: amor, alegria, paz,
longanimidade, benignidade,
bondade, fidelidade,
[23]mansidão, domínio próprio.
Contra estas coisas não há lei.
[24]E os que são de Cristo Jesus
crucificaram a carne, com as
suas paixões e concupiscências.

Os braços de Deus
estão sempre abertos
para receber qualquer
um de volta à casa.

Entrando para a família

Pois todos vós sois filhos de Deus mediante a fé em Cristo Jesus.

—GÁLATAS 3:26

Maurice Griffin foi adotado aos 32 anos. Ele havia vivido com Lisa e Charles Godbold por 20 anos, tendo-os como seus tutores. Apesar de Griffin ser adulto e viver por própria conta, ele e a família sempre quiseram finalizar judicialmente o processo de adoção. Quando se reuniram para comemorar a completude da adoção oficial, ele comentou: "Este é provavelmente o momento mais feliz da minha vida. Estou feliz por estar em casa."

Nós que já fazemos parte da família de Deus podemos nos referir ao momento que ingressamos nela, como o momento mais feliz em nossa vida. Quando confiamos a nossa salvação a Cristo, nos tornamos filhos de Deus e Ele se torna o nosso Pai celestial. A Bíblia nos assegura: "Pois todos vós sois filhos de Deus mediante a fé em Cristo Jesus" (Gálatas 3:26).

Como filhos adotados de Deus, nós temos irmãos espirituais — nossos irmãos e irmãs em Cristo — e todos nós compartilhamos de uma herança eterna (Colossenses 1:12). Além disso, o Espírito de Jesus habita em nossos corações e nos capacita a orar usando o nome Abba, Pai (Gálatas 4:6) — como uma criança que está chamando: "Papai".

Ser filho de Deus é experimentar a proximidade e a segurança de um Pai que nos ama, aceita e quer nos conhecer. A nossa adoção em Sua família é uma maravilhosa volta ao lar. *—JBS*

Leitura bíblica de hoje: Gálatas 3:26–4:7

26 Pois todos vós sois filhos
de Deus mediante a fé em
Cristo Jesus; 27 porque todos
quantos fostes batizados em
Cristo de Cristo vos revestistes.
28 Dessarte, não pode haver
judeu nem grego; nem escravo
nem liberto; nem homem
nem mulher; porque todos
vós sois um em Cristo Jesus.
29 E, se sois de Cristo, também
sois descendentes de Abraão e
herdeiros segundo a promessa.

1 Digo, pois, que, durante o
tempo em que o herdeiro
é menor, em nada difere
de escravo, posto que é ele
senhor de tudo. 2 Mas está
sob tutores e curadores até
ao tempo predeterminado
pelo pai. 3 Assim, também
nós, quando éramos menores,
estávamos servilmente sujeitos
aos rudimentos do mundo;
4 vindo, porém, a plenitude do
tempo, Deus enviou seu Filho,
nascido de mulher, nascido
sob a lei, 5 para resgatar os que
estavam sob a lei, a fim de
que recebêssemos a adoção
de filhos. 6 E, porque vós sois
filhos, enviou Deus ao nosso
coração o Espírito de seu Filho,
que clama: Aba, Pai! 7 De sorte
que já não és escravo, porém
filho; e, sendo filho, também
herdeiro por Deus.

O crescimento espiritual requer o alimento sólido da Palavra de Deus.

Gráfico de crescimento

...crescei na graça e no conhecimento de nosso Senhor e Salvador Jesus Cristo...

—2 PEDRO 3:18

Se, algum dia, a minha família precisar mudar da casa onde vivemos agora, quero tirar o batente da porta da despensa e levá-la comigo! Essa porta é especial porque mostra como os meus filhos cresceram ao longo dos anos. Todos os meses, meu marido e eu colocamos as nossas crianças contra a porta e marcamos com um lápis a altura de cada um, logo acima de sua cabeça. De acordo com a nossa tabela de crescimento, a minha filha cresceu dez centímetros em apenas um ano!

Embora meus filhos cresçam fisicamente como parte natural da vida, há outro tipo de crescimento que acontece com algum esforço — nosso crescimento espiritual em semelhança a Cristo. Pedro encorajou os cristãos a crescerem "...na força e no conhecimento de [...] Jesus..." (v.18). Ele disse que o amadurecimento na nossa fé nos prepara para a volta de Cristo. O apóstolo desejava que, ao voltar, Jesus encontrasse os cristãos vivendo em paz e retidão (v.14). Pedro via o crescimento espiritual como uma defesa contra o ensino que interpreta incorretamente a Palavra de Deus e leva as pessoas a se desviarem (vv.16,17).

Mesmo quando nos sentimos desencorajados e desconectados de Deus, podemos nos lembrar de que Ele nos ajudará a avançar em nossa fé, tornando-nos mais semelhantes ao Seu Filho. Sua Palavra nos assegura de que "...aquele que começou boa obra em vós há de completá-la até ao Dia de Cristo Jesus" (Filipenses 1:6).

—JBS

Leitura bíblica de hoje: 2 Pedro 3:10-18

10 Virá, entretanto, como
ladrão, o Dia do Senhor,
no qual os céus passarão
com estrepitoso estrondo,
e os elementos se desfarão
abrasados; também a terra
e as obras que nela existem
serão atingidas. 11 Visto que
todas essas coisas hão de ser
assim desfeitas, deveis ser tais
como os que vivem em santo
procedimento e piedade,
12 esperando e apressando
a vinda do Dia de Deus,
por causa do qual os céus,
incendiados, serão desfeitos,
e os elementos abrasados se
derreterão. 13 Nós, porém,
segundo a sua promessa,
esperamos novos céus e
nova terra, nos quais habita
justiça. 14 Por essa razão, pois,
amados, esperando estas
coisas, empenhai-vos por
serdes achados por ele em paz,
sem mácula e irrepreensíveis,
15 e tende por salvação a
longanimidade de nosso
Senhor, como igualmente o
nosso amado irmão Paulo vos
escreveu, segundo a sabedoria
que lhe foi dada, 16 ao falar
acerca destes assuntos, como,
de fato, costuma fazer em
todas as suas epístolas, nas
quais há certas coisas difíceis
de entender, que os ignorantes
e instáveis deturpam, como
também deturpam as demais
Escrituras, para a própria
destruição deles. 17 Vós,
pois, amados, prevenidos
como estais de antemão,
acautelai-vos; não suceda que,
arrastados pelo erro desses
insubordinados, descaiais
da vossa própria firmeza;
18 antes, crescei na graça e no
conhecimento de nosso Senhor
e Salvador Jesus Cristo. A ele
seja a glória, tanto agora como
no dia eterno.

Honremos os nossos
pais que não apenas
nos geraram, mas que
também nos mostram
como viver.

Ensine pelo exemplo

...criai-os na disciplina e na admoestação do Senhor.

—EFÉSIOS 6:4

Enquanto esperava por um exame oftalmológico, fiquei chocado com uma afirmação no consultório: "80% de tudo o que as crianças aprendem em seus primeiros 12 anos é por meio dos olhos." Comecei a pensar em tudo o que as crianças processam visualmente por meio de leitura, televisão, filmes, acontecimentos, ambientes e da observação do comportamento de outros, especialmente de seus familiares. Em datas como o Dia das Mães ou Dia dos Pais geralmente pensamos sobre a poderosa influência que exercemos em nossos filhos.

Paulo incitou os pais a não frustrarem os seus filhos enraivecendo-os, mas advertiu: "...criai-os na disciplina e na admoestação do Senhor" (Efésios 6:4). Pense no exemplo poderoso de pais cujo comportamento e consistência sejam inspiração que merece a admiração dos filhos. Esse pai ou mãe não é perfeito, mas está indo na direção correta. Quando as nossas atitudes refletem o caráter de Deus, em vez de distorcê-lo, sabemos que o resultado será para o bem.

Este é um desafio para todas as mães e pais, e não é coincidência o fato de Paulo nos encorajar a atingir esse objetivo em nossos lares: "...sede fortalecidos no Senhor e na força do seu poder" (v.10). Apenas por meio da força do Senhor podemos refletir o amor e a paciência de nosso Pai celestial

Ensinamos os nossos filhos muito mais com o nosso exemplo e modo de viver do que com palavras. *—DCM*

Leitura bíblica de hoje: Efésios 6:1-11

1 Filhos, obedecei a vossos pais
no Senhor, pois isto é justo.
2 Honra a teu pai e a tua mãe
(que é o primeiro mandamento
com promessa), 3 para que te
vá bem, e sejas de longa vida
sobre a terra. 4 E vós, pais, não
provoqueis vossos filhos à ira,
mas criai-os na disciplina e
na admoestação do Senhor.
5 Quanto a vós outros, servos,
obedecei a vosso senhor
segundo a carne com temor e
tremor, na sinceridade do vosso
coração, como a Cristo, 6 não
servindo à vista, como para
agradar a homens, mas como
servos de Cristo, fazendo, de
coração, a vontade de Deus;
7 servindo de boa vontade,
como ao Senhor e não como
a homens, 8 certos de que cada
um, se fizer alguma coisa boa,
receberá isso outra vez do
Senhor, quer seja servo, quer
livre. 9 E vós, senhores, de igual
modo procedei para com eles,
deixando as ameaças, sabendo
que o Senhor, tanto deles como
vosso, está nos céus e que para
com ele não há acepção de
pessoas. 10 Quanto ao mais,
sede fortalecidos no Senhor
e na força do seu poder.
11 Revesti-vos de toda a
armadura de Deus, para
poderdes ficar firmes contra as
ciladas do diabo.

Colocar Cristo no centro de tudo, coloca todo o restante em perspectiva.

Lidando com distrações

...porém os cuidados do mundo
e a fascinação das riquezas sufocam a palavra...

—MATEUS 13:22

O dono de um restaurante na vila de Abu Ghosh, fora da cidade de Jerusalém, ofereceu um desconto de 50% para os clientes que desligassem seus celulares. Jawdat Ibrahim acredita que os smartphones mudaram o foco das refeições: do companheirismo e conversa para a navegação na internet, envio de mensagens de texto e telefonemas de negócio. Ibrahim argumenta que a tecnologia é algo muito bom, mas que quando estamos com nossa família e nossos amigos, é possível esperarmos por meia hora para, simplesmente, desfrutar do alimento e da companhia.

Como é fácil nos distrairmos com muitas coisas, seja em nosso relacionamento com os outros ou com o Senhor.

Jesus disse aos Seus seguidores que a distração espiritual começa com os corações endurecidos, com ouvidos que dificilmente ouvem e olhos que já se fecharam (Mateus 13:15). Ao usar a ilustração de um fazendeiro espalhando sementes, Jesus comparou a semente que caiu entre espinhos aos que ouvem a Palavra de Deus, mas cujo coração está focado em outras coisas. "...os cuidados do mundo e a fascinação das riquezas sufocam a palavra, e fica infrutífera" (v.22).

Há grande valor em cultivarmos momentos de meditação aos pés de Cristo, todos os dias, nos quais devemos deixar de lado as distrações da mente e do coração e nos focarmos no Senhor.

—DCM

Leitura bíblica de hoje: Mateus 13:14-22

[14]De sorte que neles se cumpre
a profecia de Isaías: Ouvireis
com os ouvidos e de nenhum
modo entendereis; vereis com
os olhos e de nenhum modo
percebereis. [15]Porque o coração
deste povo está endurecido,
de mau grado ouviram com
os ouvidos e fecharam os
olhos; para não suceder que
vejam com os olhos, ouçam
com os ouvidos, entendam
com o coração, se convertam
e sejam por mim curados.
[16]Bem-aventurados, porém,
os vossos olhos, porque veem;
e os vossos ouvidos, porque
ouvem. [17]Pois em verdade
vos digo que muitos profetas
e justos desejaram ver o que
vedes e não viram; e ouvir
o que ouvis e não ouviram.
[18]Atendei vós, pois, à parábola
do semeador. [19]A todos os que
ouvem a palavra do reino e
não a compreendem, vem o
maligno e arrebata o que lhes
foi semeado no coração. Este
é o que foi semeado à beira do
caminho. [20]O que foi semeado
em solo rochoso, esse é o
que ouve a palavra e a recebe
logo, com alegria; [21]mas não
tem raiz em si mesmo, sendo,
antes, de pouca duração; em
lhe chegando a angústia ou
a perseguição por causa da
palavra, logo se escandaliza.
[22]O que foi semeado entre
os espinhos é o que ouve a
palavra, porém os cuidados
do mundo e a fascinação das
riquezas sufocam a palavra, e
fica infrutífera.

Nem sempre é fácil
aprender algumas
lições sobre a
paciência.

Descanse em Deus

...não duvidou [...] convicto de que ele era poderoso para cumprir o que prometera.

—ROMANOS 4:20,21

Seria o nosso último feriado juntos, como família, antes que o nosso filho mais velho fosse para a universidade. Todos nós ali preenchíamos o banco dos fundos da igreja e o meu coração estava repleto de amor ao olhar os meus cinco filhos bem arrumados. "Por favor, proteja-os espiritualmente e os mantenha perto de ti Senhor." Orei silenciosamente, pensando nas pressões e desafios que cada um estava enfrentando.

O hino final tinha um refrão baseado nas palavras de 2 Timóteo 1:12. "...porque sei em quem tenho crido e estou certo de que ele é poderoso para guardar o meu depósito até aquele Dia." Fui inundada por um sentimento de paz ao ter a certeza de que Deus guardaria a alma de cada um.

Desde então os anos passaram. Houve momentos em que alguns de meus filhos andaram por descaminhos, e outros rebelaram-se totalmente. Algumas vezes me questionei sobre a fidelidade de Deus. Lembro-me então de Abraão. Ele tropeçou, mas nunca deixou de confiar na promessa que tinha recebido (Gênesis 15:5,6; Romanos 4:20,21). Nos anos de espera e de tentativas equivocadas de colaborar com as situações, Abraão apegou-se à promessa de Deus até que Isaque nascesse.

Acredito que este lembrete para termos confiança é algo encorajador. Dizemos a Deus qual é nosso pedido. Lembramo-nos de que Ele se importa. Sabemos que Ele é poderoso, e o agradecemos por Sua fidelidade. —*MS*

Leitura bíblica de hoje: Romanos 4:16-22

[16]Essa é a razão por que
provém da fé, para que seja
segundo a graça, a fim de que
seja firme a promessa para toda
a descendência, não somente
ao que está no regime da lei,
mas também ao que é da fé que
teve Abraão (porque Abraão
é pai de todos nós, [17]como
está escrito: Por pai de muitas
nações te constituí.), perante
aquele no qual creu, o Deus
que vivifica os mortos e chama
à existência as coisas que não
existem. [18]Abraão, esperando
contra a esperança, creu,
para vir a ser pai de muitas
nações, segundo lhe fora dito:
Assim será a tua descendência.
[19]E, sem enfraquecer na fé,
embora levasse em conta o seu
próprio corpo amortecido,
sendo já de cem anos, e a
idade avançada de Sara, [20]não
duvidou, por incredulidade,
da promessa de Deus; mas,
pela fé, se fortaleceu, dando
glória a Deus, [21]estando
plenamente convicto de que
ele era poderoso para cumprir
o que prometera. [22]Pelo que
isso lhe foi também imputado
para justiça.

Pés firmes em terreno sólido, não se referem ao que vemos, mas a quem olhamos.

Estradas esburacadas

Tirou-me de um poço de perdição,
de um tremedal de lama; colocou-me os pés
sobre uma rocha e me firmou os passos.

—SALMO 40:2

Meus pensamentos estavam longe, quando um buraco na estrada sacudiu o meu carro, e percebi que tinha ignorado as placas que indicavam que a rodovia estava em obras. A escuridão encobria o desnível no asfalto. Dias depois ao dirigir por outro trecho da mesma estrada a suavidade da via pavimentada fez meus pneus rodarem bem. A diferença era visível.

Isaías 26:7 diz: "A vereda do justo é plana; tu, que és justo, aplanas a vereda do justo." O caminho do Senhor é sempre correto e Ele é fiel para endireitar as veredas diante de nós. Às vezes, o tempo e os métodos de Deus são diferentes de nossas expectativas. Limitadas por nossa visão, lutamos para compreender a ação dele ao tentarmos ultrapassar os locais em que as obras estão em andamento. Quando os solavancos nos ferem, buscamos recobrar as forças.

Ter confiança é fundamental (Salmo 40:3,4). Ansiamos ver o resultado do que Ele está fazendo. Esquecemos que os vales escuros surgirão (Salmo 23:4). Sem confiança, nossa fé enfraquecerá, e sem fé vacilaremos no esforço próprio (Hebreus 11:6).

Nestes trechos, descobrimos que esperar "confiantemente" significa encontrar libertação (Salmo 40:1). Não importa se o atoleiro é consequência das nossas próprias escolhas ou de outros, somente Ele pode nos salvar. *—RF*

Leitura bíblica de hoje: Salmos 18:30-33; 27:4,5; 40:1-8

[30]O caminho de Deus é
perfeito; a palavra do SENHOR
é provada; ele é escudo para
todos os que nele se refugiam.
[31]Pois quem é Deus, senão o
SENHOR? E quem é rochedo,
senão o nosso Deus? [32]O Deus
que me revestiu de força e
aperfeiçoou o meu caminho,
[33]ele deu a meus pés a ligeireza
das corças e me firmou nas
minhas alturas.

[4]Uma coisa peço ao SENHOR,
e a buscarei: que eu possa
morar na Casa do SENHOR
todos os dias da minha vida,
para contemplar a beleza
do SENHOR e meditar no
seu templo. [5]Pois, no dia da
adversidade, ele me ocultará no
seu pavilhão; no recôndito do
seu tabernáculo, me acolherá;
elevar-me-á sobre uma rocha.

[1]Esperei confiantemente pelo
SENHOR; ele se inclinou para
mim e me ouviu quando
clamei por socorro. [2]Tirou-me
de um poço de perdição, de
um tremedal de lama;
colocou-me os pés sobre uma
rocha e me firmou os passos.
[3]E me pôs nos lábios um novo
cântico, um hino de louvor ao
nosso Deus; muitos verão essas
coisas, temerão e confiarão no
SENHOR. [4]Bem-aventurado o
homem que põe no SENHOR
a sua confiança e não pende
para os arrogantes, nem para
os afeiçoados à mentira. [5]São
muitas, SENHOR, Deus meu, as
maravilhas que tens operado
e também os teus desígnios
para conosco; ninguém há
que se possa igualar contigo.
Eu quisera anunciá-los e deles
falar, mas são mais do que
se pode contar. [6]Sacrifícios e
ofertas não quiseste; abriste
os meus ouvidos; holocaustos
e ofertas pelo pecado não
requeres. [7]Então, eu disse: eis
aqui estou, no rolo do livro
está escrito a meu respeito;
[8]agrada-me fazer a tua vontade,
ó Deus meu; dentro do meu
coração, está a tua lei.

A oração é o lugar
em que os fardos
trocam de ombros.

Levantamento de peso

Vinde a mim,
todos os que estais cansados e sobrecarregados...

—MATEUS 11:28

Um dia, encontrei meu filho esforçando-se para levantar um par de halteres de 2 quilos acima de sua cabeça — um feito ambicioso para uma criança tão pequena. Ele os tinha levantado apenas alguns centímetros acima do chão, mas os seus olhos estavam determinados e sua face estava corada pelo esforço. Ofereci ajuda e, juntos, levantamos o peso em direção ao teto. O que era tão difícil para ele era muito fácil para mim.

Jesus tem essa perspectiva sobre as coisas que para nós são difíceis. Quando a vida parece um carrossel de catástrofes, Jesus não se intimida por uma pequena batida de automóvel, não se perturba por uma dor de dente ou se incomoda por uma discussão acalorada — mesmo que tudo isso aconteça num único dia! Ele pode cuidar de qualquer coisa, por isso disse: "Vinde a mim, todos os que estais cansados e sobrecarregados..." (Mateus 11:28).

Você está desgastado por contínuos problemas? Sente o peso da tensão e da preocupação? Jesus é a única solução verdadeira. Aproximarmo-nos do Senhor em oração permite que lancemos a nossa carga sobre Jesus, para que Ele possa nos sustentar (Salmo 55:22). Hoje, peça a Ele para ajudá-la em todas as situações. Ajudando a levar a sua carga, Jesus pode dar descanso à sua alma, porque o Seu jugo é suave e o Seu fardo é leve (Mateus 11:29,30).

—JBS

Leitura bíblica de hoje: Mateus 11:25-30

25 Por aquele tempo, exclamou
Jesus: Graças te dou, ó Pai,
Senhor do céu e da terra,
porque ocultaste estas coisas
aos sábios e instruídos e as
revelaste aos pequeninos.
26 Sim, ó Pai, porque assim
foi do teu agrado. 27 Tudo
me foi entregue por meu
Pai. Ninguém conhece o
Filho, senão o Pai; e ninguém
conhece o Pai, senão o Filho
e aquele a quem o Filho o
quiser revelar. 28 Vinde a mim,
todos os que estais cansados
e sobrecarregados, e eu vos
aliviarei. 29 Tomai sobre vós o
meu jugo e aprendei de mim,
porque sou manso e humilde
de coração; e achareis descanso
para a vossa alma. 30 Porque
o meu jugo é suave, e o meu
fardo é leve.

Somente Deus pode
acalmar o nosso
coração e silenciar a
nossa mente.

Desperte com Sua Palavra

Antecipo-me ao alvorecer do dia e clamo;
na tua palavra, espero confiante.

—SALMO 119:147

Meus olhos se abriram pestanejando, mas o quarto ainda estava escuro. Era cedo demais para levantar-me. Suspirei, ajustei o meu travesseiro e esperei novamente pelo sono. Infelizmente, uma extensa lista de coisas a fazer bombardeou o meu cérebro: ir ao mercado, entregar uma refeição a uma amiga, responder e-mails, marcar uma consulta médica etc.

Se você já esteve sobrecarregada e preocupada, conhece a sensação de olhar para o teto quando ainda deveria estar dormindo. O autor do Salmo 119 não desconhecia essa sensação. Ele escreveu: "Antecipo-me ao alvorecer do dia e clamo; na tua palavra, espero confiante" (v.147).

A Palavra de Deus trouxe especial conforto nas noites insones do salmista. Embora ele não pudesse fazer os seus problemas desaparecerem, disse: "Os meus olhos antecipam-se às vigílias noturnas, para que eu medite nas tuas palavras" (v.148). À noite, ele recordava repetidamente a Palavra de Deus em sua mente. Ele se concentrava nas Escrituras, não em suas preocupações. Esta prática lhe permitiu proclamar: "Quanto amo a tua lei!..." (v.97).

Quando a preocupação a despertar, lembre-se: "...a Palavra de Deus é viva, e eficaz..." (Hebreus 4:12). Escolha uma passagem e medite sobre ela. Nossas preocupações não conseguem competir com a Palavra de Deus! —*JBS*

Leitura bíblica de hoje: Salmo 119:145-152

145 De todo o coração eu te
invoco; ouve-me, SENHOR;
observo os teus decretos.
146 Clamo a ti; salva-me, e
guardarei os teus testemunhos.
147 Antecipo-me ao alvorecer
do dia e clamo; na tua palavra,
espero confiante. 148 Os
meus olhos antecipam-se às
vigílias noturnas, para que
eu medite nas tuas palavras.
149 Ouve, SENHOR, a minha
voz, segundo a tua bondade;
vivifica-me, segundo os teus
juízos. 150 Aproximam-se de
mim os que andam após a
maldade; eles se afastam da tua
lei. 151 Tu estás perto, SENHOR,
e todos os teus mandamentos
são verdade. 152 Quanto às tuas
prescrições, há muito sei que as
estabeleceste para sempre.

Deus nunca a levará
por um caminho
errado.

Vereda longa e sinuosa

Quando dentro de mim me esmorece o espírito,
conheces a minha vereda.

—SALMO 142:3

Às vezes, os caminhos da vida parecem impossivelmente íngremes e longos. Não tenho forças, nem vontade, para a jornada. Então, me lembro de que Deus conhecia esse caminho muito antes de eu ser chamado para percorrê-lo. Ele sempre soube das dificuldades pelas quais eu passaria, a dor que não conseguiria explicar aos outros. Ele sabe e oferece a Sua presença.

Talvez, hoje você se sinta oprimida por tristezas. Elas podem vir do resultado de um ministério difícil; da preocupação com um casamento problemático; de ver uma criança sofrendo; do cuidado de um parente envelhecendo; ou outros problemas que a vida apresenta. "Certamente", diz você, "Deus não me faria andar dessa maneira. Deve haver outro caminho mais fácil de percorrer."

Mas será que alguém entre nós é sábio o suficiente para conhecer alguma outra maneira de nos transformarmos em filhos melhores e mais sensatos? Não, apenas o nosso Pai celestial conhece o melhor de todos os caminhos possíveis para nos levar à realização (Salmo 142:3).

Seus caminhos são mais altos do que os nossos caminhos; Seus pensamentos são mais altos do que os nossos pensamentos (Isaías 55:9). Podemos tomar humildemente o caminho que Ele traçou para nós hoje, com absoluta confiança em Sua infinita sabedoria e amor. Ele é mais sábio e mais amoroso do que podemos imaginar. O Senhor é aquele que vê, que anteviu e que não nos desviará do caminho. —*DHR*

Leitura bíblica de hoje: Salmo 142

1 Ao Senhor ergo a minha
voz e clamo, com a minha voz
suplico ao Senhor. 2 Derramo
perante ele a minha queixa, à
sua presença exponho a minha
tribulação. 3 Quando dentro de
mim me esmorece o espírito,
conheces a minha vereda. No
caminho em que ando, me
ocultam armadilha. 4 Olha à
minha direita e vê, pois não há
quem me reconheça, nenhum
lugar de refúgio, ninguém que
por mim se interesse. 5 A ti
clamo, Senhor, e digo: tu és
o meu refúgio, o meu quinhão
na terra dos viventes. 6 Atende
o meu clamor, pois me vejo
muito fraco. Livra-me dos
meus perseguidores, porque
são mais fortes do que eu. 7 Tira
a minha alma do cárcere, para
que eu dê graças ao teu nome;
os justos me rodearão, quando
me fizeres esse bem.

As vidas destruídas
podem se tornar
abençoadas se
permitirmos que Deus
as conserte.

Artífice-Mestre

Como o vaso que o oleiro fazia [...]
tornou a fazer dele outro vaso, segundo bem lhe pareceu.

—JEREMIAS 18:4

Quando minha esposa e eu noivamos, o pai dela nos deu um presente de casamento muito especial. Como relojoeiro e joalheiro, ele fez as nossas alianças de casamento. Para fazer a minha, o meu sogro usou pedaços de ouro que eram sobras de outros anéis — restos que eram aparentemente sem muito valor. Mas nas mãos desse artífice, aqueles pedaços se tornaram um objeto de beleza que eu aprecio até hoje. É surpreendente o que um artífice-mestre pode fazer com aquilo que os outros consideram inútil.

É assim que Deus trabalha em nossas vidas. Ele é o maior Artífice-Mestre de todos, e junta os pedaços gastos e os cacos quebrados de nossas vidas, restaurando-os em algo de valor e significado. O profeta Jeremias faz uma descrição interessante ao comparar o trabalho de Deus com o trabalho do oleiro: "Como o vaso que o oleiro fazia de barro se lhe estragou na mão, tornou a fazer dele outro vaso, segundo bem lhe pareceu" (Jeremias 18:4).

Não importam as confusões em nossa vida, Deus pode remodelar-nos em vasos que sejam bons aos Seus olhos. Ao confessarmos qualquer pecado e nos submetermos em obediência à Sua Palavra, permitimos que o Mestre faça o Seu trabalho redentor em nossa vida (2 Timóteo 2:21). Essa é a única maneira de reaproveitar e transformar os cacos em pedaços inteiros e bons novamente. —*WEC*

Leitura bíblica de hoje: Jeremias 18:1-10

1 Palavra do SENHOR que
veio a Jeremias, dizendo:
2 Dispõe-te, e desce à casa do
oleiro, e lá ouvirás as minhas
palavras. 3 Desci à casa do
oleiro, e eis que ele estava
entregue à sua obra sobre as
rodas. 4 Como o vaso que o
oleiro fazia de barro se lhe
estragou na mão, tornou a
fazer dele outro vaso, segundo
bem lhe pareceu. 5 Então, veio
a mim a palavra do SENHOR:
6 Não poderei eu fazer de vós
como fez este oleiro, ó casa
de Israel? – diz o SENHOR; eis
que, como o barro na mão
do oleiro, assim sois vós na
minha mão, ó casa de Israel.
7 No momento em que eu
falar acerca de uma nação ou
de um reino para o arrancar,
derribar e destruir, 8 se a tal
nação se converter da maldade
contra a qual eu falei, também
eu me arrependerei do mal
que pensava fazer-lhe. 9 E, no
momento em que eu falar
acerca de uma nação ou de
um reino, para o edificar e
plantar, 10 se ele fizer o que é
mau perante mim e não der
ouvidos à minha voz, então,
me arrependerei do bem que
houvera dito lhe faria.

Jesus quer que
amemos as pessoas
como Ele as ama.

Moeda de Deus

Pois será como um homem que, ausentando-se do país, chamou os seus servos e lhes confiou os seus bens.

—MATEUS 25:14

As roupas embaladas, os cartões médicos separados em caso de emergência, e as lista de instruções estava dobrada num envelope. Meus sogros, eficientes e capazes, tinham cuidado de nossos filhos em outras ocasiões, mas queríamos que soubessem que queríamos que os cuidassem como nós.

Antes de partir, Jesus investiu os Seus dias ensinando os Seus seguidores o que deviam lembrar-se. Ele viera para mudar o mundo, e para que eles levassem avante essa mensagem, Jesus teria que mudar a razão de viver e o foco da atenção de cada um deles (Mateus 6:19-21).

Às vezes, imaginamos que Jesus fala sobre os nossos dons espirituais na parábola dos talentos. Advertimos uns aos outros para que os usemos para o Mestre e para que não sejam enterrados por medo. Mas o contexto destas parábolas oferece outro aspecto.

Jesus pensava em Seu eventual retorno (Mateus 25:1-13). Ele nos alerta para a Sua volta, pois os que não estiverem prontos serão excluídos da celebração. Vemos isso na parábola dos talentos, na história de Zaqueu e na declaração de Jesus: "Porque o Filho do Homem veio buscar e salvar o perdido" (Lucas 19:10-27).

Para saber se estamos sendo bons mordomos, precisamos conhecer a "Sua moeda". Jesus valorizava as pessoas.

Ele quer que saibamos comercializar com a Sua moeda, não apenas com a nossa. *—RF*

Leitura bíblica de hoje: Mateus 25:14-29

14 Pois será como um homem
que, ausentando-se do país,
chamou os seus servos e lhes
confiou os seus bens. 15 A um
deu cinco talentos, a outro,
dois e a outro, um, a cada
um segundo a sua própria
capacidade; e, então, partiu.
16 O que recebera cinco talentos
saiu imediatamente a negociar
com eles e ganhou outros
cinco. 17 Do mesmo modo,
o que recebera dois ganhou
outros dois. 18 Mas o que
recebera um, saindo, abriu uma
cova e escondeu o dinheiro
do seu senhor. 19 Depois de
muito tempo, voltou o senhor
daqueles servos e ajustou
contas com eles. 20 Então,
aproximando-se o que recebera
cinco talentos, entregou
outros cinco, dizendo: Senhor,
confiaste-me cinco talentos;
eis aqui outros cinco talentos
que ganhei. 21 Disse-lhe o
senhor: Muito bem, servo
bom e fiel; foste fiel no pouco,
sobre o muito te colocarei;
entra no gozo do teu senhor.
22 E, aproximando-se
também o que recebera dois
talentos, disse: Senhor, dois
talentos me confiaste; aqui
tens outros dois que ganhei.
23 Disse-lhe o senhor: Muito
bem, servo bom e fiel; foste
fiel no pouco, sobre o muito te
colocarei; entra no gozo do teu
senhor. 24 Chegando, por fim, o
que recebera um talento, disse:
Senhor, sabendo que és homem
severo, que ceifas onde não
semeaste e ajuntas onde não
espalhaste, 25 receoso, escondi
na terra o teu talento;
aqui tens o que é teu.
26 Respondeu-lhe, porém,
o senhor: Servo mau e
negligente, sabias que ceifo
onde não semeei e ajunto onde
não espalhei? 27 Cumpria,
portanto, que entregasses o
meu dinheiro aos banqueiros,
e eu, ao voltar, receberia com
juros o que é meu. 28 Tirai-lhe,
pois, o talento e dai-o ao que
tem dez. 29 Porque a todo o
que tem se lhe dará, e terá
em abundância; mas ao que
não tem, até o que tem lhe
será tirado.

Se você acha que é
possível amar demais,
provavelmente não
ama o suficiente.

Uma proposta modesta

[Jesus] a si mesmo se humilhou,
tornando-se obediente até à morte e morte de cruz.

—FILIPENSES 2:8

Quando eu ainda era aluna na faculdade, ouvi inúmeras histórias de noivado. Meus amigos com olhos radiantes contavam sobre restaurantes pomposos, pôr do sol no topo das montanhas, passeios em carruagens. Também me lembro de uma história sobre um jovem que apenas lavou os pés de sua namorada. Sua "modesta proposta" provou que ele sabia que a humildade é essencial para um compromisso que dura a vida toda.

O apóstolo Paulo também entendeu a importância da humildade e como ela une as pessoas. Isso é de suma importância no casamento. Paulo nos aconselha a rejeitarmos os impulsos de "primeiro eu". "Nada façais por partidarismo ou vanglória, mas por humildade, considerando cada um os outros superiores a si mesmo" (Filipenses 2:3). Em vez disso, devemos valorizar o nosso cônjuge mais do que a nós mesmos, e procurar o interesse dele.

Praticar a humildade significa servir o nosso cônjuge, e nenhuma ação é pequena ou grande demais. Afinal, Jesus "humilhou-se [...] até à morte e morte de cruz" (v.8). A abnegação de Jesus demonstrou o Seu amor por nós.

O que você pode fazer para servir humildemente a pessoa que ama? Talvez seja algo simples como deixar de preparar com tanta frequência algum alimento que ele não aprecie, ou cuidar do seu cônjuge durante um longo período de doença. Seja o que for, devemos colocar as necessidades de nosso cônjuge antes das nossas para confirmar o nosso compromisso mútuo através da humildade semelhante à de Cristo. —*JBS*

Leitura bíblica de hoje: Filipenses 2:1-11

1 Se há, pois, alguma exortação
em Cristo, alguma consolação
de amor, alguma comunhão
do Espírito, se há entranhados
afetos e misericórdias,
2 completai a minha alegria, de
modo que penseis a mesma
coisa, tenhais o mesmo amor,
sejais unidos de alma, tendo
o mesmo sentimento. 3 Nada
façais por partidarismo ou
vanglória, mas por humildade,
considerando cada um os
outros superiores a si mesmo.
4 Não tenha cada um em vista
o que é propriamente seu,
senão também cada qual o que
é dos outros. 5 Tende em vós o
mesmo sentimento que houve
também em Cristo Jesus, 6 pois
ele, subsistindo em forma
de Deus, não julgou como
usurpação o ser igual a Deus;
7 antes, a si mesmo se esvaziou,
assumindo a forma de servo,
tornando-se em semelhança
de homens; e, reconhecido em
figura humana, 8 a si mesmo
se humilhou, tornando-se
obediente até à morte e morte
de cruz. 9 Pelo que também
Deus o exaltou sobremaneira
e lhe deu o nome que está
acima de todo nome, 10 para
que ao nome de Jesus se dobre
todo joelho, nos céus, na
terra e debaixo da terra, 11 e
toda língua confesse que Jesus
Cristo é Senhor, para glória de
Deus Pai.

Corações gentis são jardins; pensamentos bons, raízes; palavras amáveis, flores; atos bondosos, frutos.

Doces palavras

Revesti-vos [...]de misericórdia, de bondade, de humildade, de mansidão, de longanimidade.

—COLOSSENSES 3:12

Sérgio sempre admirou o relacionamento entre seus sogros. Por isso, um dia, ele lhes perguntou o que fazia o casamento deles ser feliz e o sogro lhe respondeu: "Você precisa mantê-lo doce!".

Um dos meus amigos conclui muitas de suas notas para mim, meu marido e outros amigos, com estas palavras: "Lembrem-se de serem bons uns com os outros."

Ambos dão um ótimo conselho sobre ser gentil. As tensões diárias da vida podem, facilmente, tornar-nos irritáveis com o nosso cônjuge ou com outras pessoas. Envolvemo-nos com pequenos aborrecimentos ou criticamos hábitos de pouca importância. Deixamos escapar palavras nocivas e rudes sem pensar.

O livro de Provérbios nos aconselha sobre as palavras que usamos com os outros: "O que guarda a boca e a língua guarda a sua alma das angústias" (21:23). E traz as seguintes advertências: "A morte e a vida estão no poder da língua..." (Provérbios 18:21) e "Alguém há cuja tagarelice é como pontas de espada, mas a língua dos sábios é medicina" (Provérbios 12:18). O conselho do sogro sobre manter o casamento "doce" me faz recordar as palavras de Provérbios 16:24: "Palavras agradáveis são como favo de mel: doces para a alma e medicina para o corpo".

Senhor, enche os nossos corações com palavras que hoje serão bênção para outras pessoas. *—AMC*

Leitura bíblica de hoje: Provérbios 16:19-24

19Melhor é ser humilde de
espírito com os humildes do
que repartir o despojo com
os soberbos. 20O que atenta
para o ensino acha o bem, e
o que confia no SENHOR, esse
é feliz. 21O sábio de coração é
chamado prudente, e a doçura
no falar aumenta o saber. 22O
entendimento, para aqueles
que o possuem, é fonte de
vida; mas, para o insensato, a
sua estultícia lhe é castigo. 23O
coração do sábio é mestre de
sua boca e aumenta a persuasão
nos seus lábios. 24Palavras
agradáveis são como favo
de mel: doces para a alma e
medicina para o corpo.

A brevidade dos nossos dias nos conduz para o amor eterno de Deus.

Dias contados

Ensina-nos a contar os nossos dias,
para que alcancemos coração sábio.

—SALMO 90:12

Como consequência de um furacão devastador, um homem ficou do lado de fora do que sobrou de sua casa. Em meio aos escombros estavam as joias de sua mulher e os seus próprios e valorosos pertences. Todavia, o homem não tinha qualquer intenção de entrar na casa semidestruída para procurar por seus pertences, e disse: "não vale a pena morrer por isso".

Em tempos de crise, com frequência, a nossa percepção sobre o que é realmente importante na vida costuma ficar mais evidente.

No Salmo 90, "Uma oração de Moisés," este homem de Deus olha para a vida do começo ao fim. À luz da brevidade da vida (vv.4-6) e da compreensão da justa ira divina (vv.7-11), Moisés suplica a Deus por entendimento: "Ensina-nos a contar os nossos dias, para que alcancemos coração sábio" (v.12).

Moisés continua este salmo com um apelo ao amor divino: "...Tem compaixão dos teus servos. Sacia-nos de manhã com a tua benignidade..." (vv.13,14). Ele conclui com uma oração pelo futuro: "Seja sobre nós a graça do Senhor, nosso Deus; confirma sobre nós as obras das nossas mãos..." (v.17). *—DCM*

Leitura bíblica de hoje: Salmo 90:7-17

7 Pois somos consumidos
pela tua ira e pelo teu furor,
conturbados. 8 Diante de ti
puseste as nossas iniquidades
e, sob a luz do teu rosto,
os nossos pecados ocultos.
9 Pois todos os nossos dias se
passam na tua ira; acabam-se
os nossos anos como um breve
pensamento. 10 Os dias da nossa
vida sobem a setenta anos ou,
em havendo vigor, a oitenta;
neste caso, o melhor deles
é canseira e enfado, porque
tudo passa rapidamente, e
nós voamos. 11 Quem conhece
o poder da tua ira? E a tua
cólera, segundo o temor que
te é devido? 12 Ensina-nos a
contar os nossos dias, para
que alcancemos coração
sábio. 13 Volta-te, SENHOR!
Até quando? Tem compaixão
dos teus servos. 14 Sacia-nos de
manhã com a tua benignidade,
para que cantemos de júbilo
e nos alegremos todos os
nossos dias. 15 Alegra-nos
por tantos dias quantos nos
tens afligido, por tantos
anos quantos suportamos a
adversidade. 16 Aos teus servos
apareçam as tuas obras, e a
seus filhos, a tua glória. 17 Seja
sobre nós a graça do Senhor,
nosso Deus; confirma sobre
nós as obras das nossas mãos,
sim, confirma a obra das
nossas mãos.

O Espírito de Deus
é a maior proteção
contra os perigos
invisíveis do pecado.

Perigo invisível

...cada um é tentado pela sua própria cobiça, quando esta o atrai e seduz.

—TIAGO 1:14

Quando eu era criança, nossa família escapou de uma "quase" tragédia. A maioria dos principais equipamentos domésticos da minha casa, bem como o aquecimento, era alimentado por gás natural. E um pequeno vazamento numa das tubulações de gás colocou a nossa vida em risco. Quando o gás entrou em nossa pequena casa, nossa família foi dominada pelos gases letais e perdemos a consciência. Se não tivéssemos sido descobertos por uma vizinha que, casualmente, veio nos visitar, todos nós poderíamos ter morrido por causa desse perigoso inimigo invisível.

Como seguidores de Cristo, nós também podemos nos encontrar rodeados de perigos invisíveis. A nociva existência da tentação e da fraqueza de nossa própria fragilidade humana pode colocar em perigo a nossa vida e os nossos relacionamentos. Diferentemente do gás natural da minha infância, porém, esses perigos invisíveis não provêm do nosso exterior — eles residem em nós. Tiago escreveu: "...cada um é tentado pela sua própria cobiça, quando esta o atrai e seduz" (Tiago 1:14).

Nossa tendência natural ao pecado, composta por pontos cegos que nos impedem de ver nossas próprias fraquezas, pode levar às escolhas tóxicas que nos arruínam. Somente submetendo-nos a Deus, quando Ele nos mostra os nossos corações em Sua Palavra (vv.23-25), podemos viver uma vida que agrada ao Mestre. —*WEC*

Leitura bíblica de hoje: Tiago 1:13-25

[13]Ninguém, ao ser tentado,
diga: Sou tentado por Deus;
porque Deus não pode ser
tentado pelo mal e ele mesmo a
ninguém tenta. [14]Ao contrário,
cada um é tentado pela sua
própria cobiça, quando esta o
atrai e seduz. [15]Então, a cobiça,
depois de haver concebido,
dá à luz o pecado; e o pecado,
uma vez consumado, gera a
morte. [16]Não vos enganeis,
meus amados irmãos. [17]Toda
boa dádiva e todo dom perfeito
são lá do alto, descendo do Pai
das luzes, em quem não pode
existir variação ou sombra de
mudança. [18]Pois, segundo o
seu querer, ele nos gerou pela
palavra da verdade, para que
fôssemos como que primícias
das suas criaturas. [19]Sabeis
estas coisas, meus amados
irmãos. Todo homem, pois,
seja pronto para ouvir, tardio
para falar, tardio para se irar.
[20]Porque a ira do homem não
produz a justiça de Deus.
[21]Portanto, despojando-vos
de toda impureza e acúmulo
de maldade, acolhei, com
mansidão, a palavra em vós
implantada, a qual é poderosa
para salvar a vossa alma.
[22]Tornai-vos, pois, praticantes
da palavra e não somente
ouvintes, enganando-vos a
vós mesmos. [23]Porque, se
alguém é ouvinte da palavra e
não praticante, assemelha-se
ao homem que contempla,
num espelho, o seu rosto
natural; [24]pois a si mesmo se
contempla, e se retira, e para
logo se esquece de como era a
sua aparência. [25]Mas aquele que
considera, atentamente, na lei
perfeita, lei da liberdade, e nela
persevera, não sendo ouvinte
negligente, mas operoso
praticante, esse será bem-
aventurado no que realizar.

Falar com sabedoria
requer a submissão
e a direção do
Espírito Santo.

Respostas delicadas

A resposta delicada acalma o furor,
mas a palavra dura aumenta a raiva.
—PROVÉRBIOS 15:1 (NTLH)

Sentindo-me frustrada, joguei minha pasta sobre a mesa. Isso satisfez a minha irritação, por um instante. Minha alteração era por causa da festa da escola de minha filha. Como ela estava chateada por perder a festa devido a outro compromisso assumido anteriormente, ela descontou sua frustração em mim e irritou-se por eu mandar que cumprisse sua obrigação. Mas o meu esforço para ensinar-lhe algo foi ofuscado por minha irritação.

Por mais dedicadas que sejamos, temos momentos em que a fala é tudo, menos delicada e sábia (Provérbios 31:26). É difícil ser mãe, tão difícil quanto deixar o nosso eu de lado e ensiná-los a fazer o mesmo.

Queremos que os nossos filhos aceitem a nossa correção (Provérbios 15:5), mas, como filhos de Deus, os pais precisam acatar a correção que Ele nos traz em Sua Palavra (Hebreus 12:6). A nossa reação às situações conflitantes raramente é a delicadeza. Devemos permitir que o Espírito Santo a cultive em nossa vida (Gálatas 5:22,23).

Caminhar com as próprias forças signfica garantir que os conflitos se tornem um desafio de autoridade. A resposta delicada talvez não acabe com a raiva deles, mas refreia a nossa. Podemos permitir que as emoções nos comandem, ou andar no poder do Espírito Santo seguindo os princípios de Sua Palavra, mesmo que a nossa carne esteja exigindo o contrário (Gálatas 5:17). —*RF*

Leitura bíblica de hoje: Provérbios 15:1-16

[1]A resposta branda desvia
o furor, mas a palavra dura
suscita a ira. [2]A língua dos
sábios adorna o conhecimento,
mas a boca dos insensatos
derrama a estultícia. [3]Os olhos
do SENHOR estão em todo
lugar, contemplando os maus
e os bons. [4]A língua serena é
árvore de vida, mas a perversa
quebranta o espírito. [5]O
insensato despreza a instrução
de seu pai, mas o que atende
à repreensão consegue a
prudência. [6]Na casa do justo há
grande tesouro, mas na renda
dos perversos há perturbação.
[7]A língua dos sábios derrama
o conhecimento, mas o
coração dos insensatos não
procede assim. [8]O sacrifício
dos perversos é abominável
ao SENHOR, mas a oração dos
retos é o seu contentamento.
[9]O caminho do perverso
é abominação ao SENHOR,
mas este ama o que segue a
justiça. [10]Disciplina rigorosa
há para o que deixa a vereda,
e o que odeia a repreensão
morrerá. [11]O além e o abismo
estão descobertos perante
o SENHOR; quanto mais o
coração dos filhos dos homens!
[12]O escarnecedor não ama
àquele que o repreende, nem
se chegará para os sábios. [13]O
coração alegre aformoseia o
rosto, mas com a tristeza do
coração o espírito se abate.
[14]O coração sábio procura o
conhecimento, mas a boca
dos insensatos se apascenta
de estultícia. [15]Todos os dias
do aflito são maus, mas a
alegria do coração é banquete
contínuo. [16]Melhor é o pouco,
havendo o temor do SENHOR,
do que grande tesouro onde há
inquietação.

Bem-aventurado
o homem que não
anda no conselho dos
ímpios... SALMO 1:1

Aproximação

Que harmonia, entre Cristo e o Maligno?
Ou que união, do crente com o incrédulo?

—2 CORÍNTIOS 6:15

Meu filho gosta do Magnetix, pois as peças se atraem ou se repelem. São fáceis de montar. Para ele, elas saem de onde estão guardadas e vão para o chão, sozinhas!

Nos relacionamentos, é diferente. A Palavra de Deus nos manda buscar relacionamentos amorosos apenas com pessoas do sexo oposto e que sejam cristãos verdadeiros (2 Coríntios 6:14; 7:39).

Paulo reconhece a importância de nos relacionarmos com não-cristãos, para falar-lhes de Jesus (Colossenses 4:5,6). Porém, os limites em nossas relações são importantes, e implicam em compreender a *koinonia*. Essa palavra grega significa comunhão e envolve intimidade. Implica em comunhão íntima que permite que um receba ânimo do outro. Vai além do que conhecer alguém

A intimidade com o que não crê em Cristo pode nos influenciar a adotar outros pontos de vista e escolhas (Êxodo 23:32). Precisamos estar alertas para não compactuarmos com o pecado (Salmo 1:1). Isso inclui não tomar atitudes que neguem o chamado de Deus para aplicarmos mudanças saudáveis em nossa própria vida (Romanos 16:19).

Davi assumiu o compromisso de receber forças apenas dos que permitiram que o Senhor fosse a sua morada (Salmo 119:63). Devemos ser assim, pois as pessoas de nossa convivência influenciam a nossa capacidade de alcançarmos outros para Jesus.

—RF

Leitura bíblica de hoje: 2 Coríntios 6:14-18

14 Não vos ponhais em jugo
desigual com os incrédulos;
porquanto que sociedade
pode haver entre a justiça
e a iniquidade? Ou que
comunhão, da luz com as
trevas? 15 Que harmonia,
entre Cristo e o Maligno? Ou
que união, do crente com o
incrédulo? 16 Que ligação há
entre o santuário de Deus e
os ídolos? Porque nós somos
santuário do Deus vivente,
como ele próprio disse:
Habitarei e andarei entre eles;
serei o seu Deus, e eles serão o
meu povo. 17 Por isso, retirai-
vos do meio deles, separai-vos,
diz o Senhor; não toqueis
em coisas impuras; e eu vos
receberei, 18 serei vosso Pai, e vós
sereis para mim filhos e filhas,
diz o Senhor Todo-Poderoso.

O nosso coração
está unido pelo amor
de Cristo.

União familiar

...esforçando-vos diligentemente por preservar a unidade do Espírito no vínculo da paz.

—EFÉSIOS 4:3

Meu marido, meus filhos e eu temos uma tradição familiar divertida. Ela acontece quando estamos em casa e alguém grita "abraço familiar!". Habitualmente, nos encontramos na cozinha; eu abraço as crianças e meu marido envolve a todos nós com seus braços. Essa é a nossa maneira de expressar amor e desfrutar de um breve momento de união familiar.

Embora desfrutemos de abraços grupais ocasionais, nem sempre é fácil manter esse senso de unidade. Afinal de contas, cada pessoa de nossa família é singular. Temos necessidades, capacidades e pontos de vista diferentes — muito semelhante à família de Deus (Efésios 4:11,12).

A despeito de inevitáveis diferenças em relação a outros cristãos, Paulo nos chama a "...preservar a unidade do Espírito no vínculo da paz" (v.3). A harmonia com outros cristãos é importante, pois reflete a unidade entre Jesus e Seu Pai celestial. Jesus orou assim pelos cristãos: "...que todos sejam um [...] como és tu, ó Pai, em mim e eu em ti..." (João 17:21).

Quando surgem os problemas na família de Deus, a Bíblia diz que devemos reagir "...com toda a humildade e mansidão, com longanimidade, suportando-vos uns aos outros em amor" (Efésios 4:2). Esta é a maneira de desfrutar a união familiar com pessoas que compartilham os fundamentos da nossa fé. *—JBS*

Leitura bíblica de hoje: Efésios 4:1-16

[1]Rogo-vos, pois, eu, o
prisioneiro no Senhor, que
andeis de modo digno da
vocação a que fostes chamados,
[2]com toda a humildade e
mansidão, com longanimidade,
suportando-vos uns aos outros
em amor, [3]esforçando-vos
diligentemente por preservar a
unidade do Espírito no vínculo
da paz; [4]há somente um corpo
e um Espírito, como também
fostes chamados numa só
esperança da vossa vocação; [5]há
um só Senhor, uma só fé, um
só batismo; [6]um só Deus e Pai
de todos, o qual é sobre todos,
age por meio de todos e está em
todos. [7]E a graça foi concedida
a cada um de nós segundo a
proporção do dom de Cristo.
[8]Por isso, diz: Quando ele
subiu às alturas, levou cativo o
cativeiro e concedeu dons aos
homens. [9]Ora, que quer dizer
subiu, senão que também havia
descido até às regiões inferiores
da terra? [10]Aquele que desceu
é também o mesmo que subiu
acima de todos os céus, para
encher todas as coisas. [11]E ele
mesmo concedeu uns para
apóstolos, outros para profetas,
outros para evangelistas e outros
para pastores e mestres, [12]com
vistas ao aperfeiçoamento dos
santos para o desempenho do
seu serviço, para a edificação
do corpo de Cristo, [13]até que
todos cheguemos à unidade da
fé e do pleno conhecimento
do Filho de Deus, à perfeita
varonilidade, à medida da
estatura da plenitude de Cristo,
[14]para que não mais sejamos
como meninos, agitados de
um lado para outro e levados
ao redor por todo vento de
doutrina, pela artimanha dos
homens, pela astúcia com
que induzem ao erro. [15]Mas,
seguindo a verdade em amor,
cresçamos em tudo naquele que
é a cabeça, Cristo, [16]de quem
todo o corpo, bem ajustado
e consolidado pelo auxílio de
toda junta, segundo a justa
cooperação de cada parte,
efetua o seu próprio aumento
para a edificação de si mesmo
em amor.

O amor de Deus confronta e corrige.

Falha no disciplinar

Toda disciplina [...] não parece ser motivo de alegria; [...] entretanto, produz fruto de justiça.

—HEBREUS 12:11

Moramos numa área bem arborizada e recebemos pouca luz solar no verão. Mas amamos os tomates frescos e por isso decidi plantá-los em potes e colocá-los nos lugares mais ensolarados.

As plantas começaram a crescer imediatamente e muito rápidas. Fiquei muito feliz — até que percebi que este rápido crescimento era devido aos seus esforços para estar sob a luz solar que era limitada. Quando finalmente descobri o que estava acontecendo, os pés de tomates já estavam pesados demais para aguentar o seu peso. Procurei algumas estacas, levantei as plantas gentilmente, e amarrei-as verticalmente. Embora tentasse ser gentil, um dos galhos quebrou quando eu tentava arrumá-los.

Isso me fez lembrar que a disciplina deve começar antes de o caráter ser permanentemente dobrado ou torcido.

O sacerdote Eli falhou na disciplina de seus dois filhos. Quando a maldade deles se tornou tão ruim que não podia mais ignorá-la, ele tentou repreendê-los gentilmente (1 Samuel 2:24,25). Mas era tarde demais, e Deus anunciou as terríveis consequências: "Julgarei a casa [de Eli] para sempre, pela iniquidade que ele bem conhecia, porque seus filhos se fizeram execráveis, e ele não os repreendeu" (3:13).

É doloroso sermos corrigidos, mas permanecer sem correção, em última instância, nos ferirá ainda mais. *—JAL*

Leitura bíblica de hoje: 2 Samuel 13:21-29

21 Ouvindo o rei Davi todas
estas coisas, muito se lhe
acendeu a ira. 22 Porém Absalão
não falou com Amnom nem
mal nem bem; porque odiava
a Amnom, por ter este forçado
a Tamar, sua irmã. 23 Passados
dois anos, Absalão tosquiava
em Baal-Hazor, que está
junto a Efraim, e convidou
Absalão todos os filhos do rei.
24 Foi ter Absalão com o rei e
disse: Eis que teu servo faz a
tosquia; peço que com o teu
servo venham o rei e os seus
servidores. 25 O rei, porém,
disse a Absalão: Não, filho
meu, não vamos todos juntos,
para não te sermos pesados.
Instou com ele Absalão, porém
ele não quis ir; contudo, o
abençoou. 26 Então, disse
Absalão: Se não queres ir,
pelo menos deixa ir conosco
Amnom, meu irmão. Porém o
rei lhe disse: Para que iria ele
contigo? 27 Insistindo Absalão
com ele, deixou ir com ele
Amnom e todos os filhos do
rei. 28 Absalão deu ordem aos
seus moços, dizendo: Tomai
sentido; quando o coração
de Amnom estiver alegre de
vinho, e eu vos disser: Feri a
Amnom, então, o matareis.
Não temais, pois não sou
eu quem vo-lo ordena? Sede
fortes e valentes. 29 E os moços
de Absalão fizeram a Amnom
como Absalão lhes havia
ordenado. Então, todos os
filhos do rei se levantaram,
cada um montou seu mulo,
e fugiram.

A mão de disciplina de Deus é mão de amor.

Um desenho dele

...porque o Senhor corrige a quem ama...

—HEBREUS 12:6

Certo dia, meu filho abriu uma caneta marca-texto de cor laranja e fez um desenho de seu pai. Com jeito infantil destacou os olhos, um nariz e uma boca, todos dentro de um círculo sobre duas longas varetas (e me informou que eram as pernas). Embora meu filho tenha recebido elogios pelo esforço, o seu desenho não capturava bem as especificidades que teriam criado uma semelhança mais próxima à aparência de meu marido: olhos azuis, um sorriso confiante e cabelos com mechas grisalhas.

Como filhos de Deus, algumas vezes também criamos imagens mentais de nosso Pai celestial que não são precisas. Podemos ver Deus como alguém severo quando Ele corrige os padrões pecaminosos em nossas vidas. E porque a disciplina é dolorosa (Hebreus 12:11), podemos presumir que a correção de Deus é uma forma de vingança divina ou o resultado de Sua ira. Na verdade, a correção do Senhor é uma prova do Seu amor por nós. A Bíblia diz: "...porque o Senhor corrige a quem ama..." (v.6). Ele nos disciplina para nosso benefício, "...a fim de sermos participantes da sua santidade" (v.10) e experimentarmos a paz que resulta de um viver correto (v.11).

Se você está enfrentando a disciplina de Deus, lembre-se de que Ele não está olhando você lá de cima com desgosto ou sacudindo Seu punho vingativo. Imagine-o como um Pai interessado, que está corrigindo a Sua filha, em quem se deleita, com amor (Provérbios 3:12). *—JBS*

Leitura bíblica de hoje: Hebreus 12:3-11

[3]Considerai, pois, atentamente,
aquele que suportou tamanha
oposição dos pecadores contra
si mesmo, para que não vos
fatigueis, desmaiando em
vossa alma. [4]Ora, na vossa
luta contra o pecado, ainda
não tendes resistido até ao
sangue [5]e estais esquecidos da
exortação que, como a filhos,
discorre convosco: Filho meu,
não menosprezes a correção
que vem do Senhor, nem
desmaies quando por ele és
reprovado; [6]porque o Senhor
corrige a quem ama e açoita a
todo filho a quem recebe. [7]É
para disciplina que perseverais
(Deus vos trata como filhos);
pois que filho há que o pai
não corrige? [8]Mas, se estais
sem correção, de que todos
se têm tornado participantes,
logo, sois bastardos e não
filhos. [9]Além disso, tínhamos
os nossos pais segundo a
carne, que nos corrigiam, e os
respeitávamos; não havemos
de estar em muito maior
submissão ao Pai espiritual
e, então, viveremos? [10]Pois
eles nos corrigiam por pouco
tempo, segundo melhor lhes
parecia; Deus, porém, nos
disciplina para aproveitamento,
a fim de sermos participantes
da sua santidade. [11]Toda
disciplina, com efeito, no
momento não parece ser
motivo de alegria, mas de
tristeza; ao depois, entretanto,
produz fruto pacífico aos que
têm sido por ela exercitados,
fruto de justiça.

Esperar em Deus
nunca é perda
de tempo.

A disciplina da espera

Esperei [...] pelo S*ENHOR; ele se inclinou para mim e me ouviu quando clamei por socorro.*

—SALMO 40:1

Esperar é difícil. Esperamos nas filas de mercados, no trânsito, no consultório do médico. Brincamos com os dedos, controlamos os bocejos e nos inquietamos interiormente devido à frustração. Em outra situação, esperamos por uma carta que não vem, pelo retorno de um filho pródigo, ou pela transformação de um cônjuge. Esperamos por um filho que possamos segurar em nossos braços. Esperamos pelo desejo de nosso coração.

No Salmo 40, Davi diz: "Esperei confiantemente pelo SENHOR..." No idioma original transparece a ideia de que Davi "esperou muito" para que Deus respondesse sua oração. Entretanto, ao olhar para trás, para este momento de espera, ele louva a Deus, e afirma que Deus pôs em seus lábios "...um novo cântico, um hino de louvor..." (40:3).

"Que capítulo pode ser escrito sobre a demora de Deus!", disse F. B. Meyer. "É o mistério de educar espíritos humanos na índole mais refinada que são capazes de ter." Pela disciplina da espera, podemos desenvolver as virtudes mais aquietadoras: submissão, humildade, paciência, alegre perseverança, persistência em boas realizações, virtudes que requerem mais tempo para se aprender.

O que fazer quando Deus parece não atender o desejo do nosso coração? Ele é capaz de nos ajudar a amá-lo e a confiar nele o suficiente para aceitar o Seu tempo com alegria vendo-o como uma oportunidade de desenvolver estas virtudes — e de louvá-lo.

—DHR

Leitura bíblica de hoje: Salmo 40:1-10

1 Esperei confiantemente pelo
Senhor; ele se inclinou
para mim e me ouviu
quando clamei por socorro.
2 Tirou-me de um poço de
perdição, de um tremedal
de lama; colocou-me os
pés sobre uma rocha e me
firmou os passos. 3 E me pôs
nos lábios um novo cântico,
um hino de louvor ao nosso
Deus; muitos verão essas
coisas, temerão e confiarão no
Senhor. 4 Bem-aventurado o
homem que põe no Senhor
a sua confiança e não pende
para os arrogantes, nem para
os afeiçoados à mentira. 5 São
muitas, Senhor, Deus meu, as
maravilhas que tens operado
e também os teus desígnios
para conosco; ninguém há
que se possa igualar contigo.
Eu quisera anunciá-los e deles
falar, mas são mais do que
se pode contar. 6 Sacrifícios e
ofertas não quiseste; abriste
os meus ouvidos; holocaustos
e ofertas pelo pecado não
requeres. 7 Então, eu disse: eis
aqui estou, no rolo do livro
está escrito a meu respeito;
8 agrada-me fazer a tua vontade,
ó Deus meu; dentro do
meu coração, está a tua lei.
9 Proclamei as boas-novas de
justiça o sabes, Senhor. 10 Não
ocultei no coração a tua justiça;
proclamei a tua fidelidade e a
tua salvação; não escondi da
grande congregação a tua graça
e a tua verdade.

O amor a Deus
conduz-se em verdade.
Menos do que isso não
é amor verdadeiro.

Muito amada

...não se alegra com a injustiça,
mas regozija-se com a verdade.

—1 CORÍNTIOS 13:6

Os filmes baseados em livros deixam muito a desejar, mas alguns retratam muito bem os seus adoráveis personagens. Neles, os relacionamentos revelam os desejos de cada coração: de ser amado, verdadeiramente amado. Muitas críticas nos filmes são construtivas, não significam rejeição, porém indicam que há coisas melhores.

O crescimento espiritual não acontece sem o confronto com a verdade. Em João 14:6, Jesus disse: "Eu sou o caminho, e a verdade, e a vida; ninguém vem ao Pai senão por mim." A verdade divina é inseparável do amor de Deus: exigiu o sacrifício da cruz e tornou o amor possível.

Jesus nos ama e fala conosco diretamente. Ele faz isso para que firmemos os nossos pés na rocha sólida de Sua Palavra. Ele nos quer prontas e dispostas a amar verdadeiramente ao próximo.

Não é fácil ouvir a verdade e as palavras duras ferem. No entanto, o amor subsiste aos detalhes. "O amigo quer o nosso bem, mesmo quando nos fere..." (Provérbios 27:6 NTLH). O amor anseia pela retidão e trilha o difícil caminho de falar a verdade que é bíblica. Cometemos grande injustiça com o Corpo de Cristo quando fingimos que o pecado não existe (Efésios 4:25).

Deus age em nós quando praticamos o Seu chamado à verdade de duas maneiras: devemos estar dispostas a anunciar (Provérbios 27:17) e receber (Salmo 141:5). *—RF*

Leitura bíblica de hoje: 1 Coríntios 13:3-13

1Ainda que eu fale as línguas
dos homens e dos anjos, se
não tiver amor, serei como
o bronze que soa ou como o
címbalo que retine. 2Ainda que
eu tenha o dom de profetizar
e conheça todos os mistérios
e toda a ciência; ainda que eu
tenha tamanha fé, a ponto de
transportar montes, se não
tiver amor, nada serei. 3E ainda
que eu distribua todos os meus
bens entre os pobres e ainda
que entregue o meu próprio
corpo para ser queimado, se
não tiver amor, nada disso
me aproveitará. 4O amor é
paciente, é benigno; o amor
não arde em ciúmes, não se
ufana, não se ensoberbece, 5não
se conduz inconvenientemente,
não procura os seus interesses,
não se exaspera, não se ressente
do mal; 6não se alegra com
a injustiça, mas regozija-se
com a verdade; 7tudo sofre,
tudo crê, tudo espera, tudo
suporta. 8O amor jamais
acaba; mas, havendo profecias,
desaparecerão; havendo
línguas, cessarão; havendo
ciência, passará; 9porque,
em parte, conhecemos e, em
parte, profetizamos. 10Quando,
porém, vier o que é perfeito,
então, o que é em parte será
aniquilado. 11Quando eu era
menino, falava como menino,
sentia como menino, pensava
como menino; quando cheguei
a ser homem, desisti das coisas
próprias de menino. 12Porque,
agora, vemos como em
espelho, obscuramente; então,
veremos face a face. Agora,
conheço em parte; então,
conhecerei como também
sou conhecido. 13Agora, pois,
permanecem a fé, a esperança
e o amor, estes três; porém o
maior destes é o amor.

Os cristãos são mais úteis quando suas atitudes e ações estão alinhadas às de Jesus.

Um inventário de obstáculo

Não nos julguemos mais uns aos outros; [...] tornai o propósito de não pordes tropeço [...] ao vosso irmão.

—ROMANOS 14:13

Encontrar falhas é um passatempo popular e, infelizmente, muitos de nós achamos que é fácil nos juntarmos a essa diversão. A concentração nas imperfeições dos outros é uma grande maneira de nos sentirmos melhor sobre nós mesmos. E este é exatamente o problema. Evitar as falhas que precisam ser corrigidas em nossa vida não somente retardam o nosso crescimento espiritual, mas também impedem o trabalho de Deus por nosso intermédio. A atuação de Deus em nossa vida é realçada ou obstruída pela maneira como vivemos.

Não é de admirar, então, que o apóstolo Paulo tenha feito um esforço concentrado para não darmos "...nenhum motivo de escândalo em coisa alguma..." (2 Coríntios 6:3). Para ele não havia nada mais importante do que ser usado por Cristo na vida de outras pessoas. Tudo que o atrapalhasse nisso era dispensável.

Se você quer ser autêntica e útil para Deus, faça um inventário dos obstáculos. Às vezes, os obstáculos em si podem ser legítimos, mas em certos contextos inapropriados. No entanto, o pecado é claramente um impedimento para os outros. A fofoca, difamação, orgulho, amargura, avareza, abuso, ira, egoísmo e vingança fecham o coração daqueles ao nosso redor para receber a mensagem de Deus por nosso intermédio.

Portanto, substitua as suas falhas pelas formas cativantes de Jesus. Isso permitirá que os outros vejam o Salvador "perfeito" com mais clareza. —*JMS*

Leitura bíblica de hoje: 2 Coríntios 6:3-10

[3]não dando nós nenhum
motivo de escândalo em
coisa alguma, para que o
ministério não seja censurado.
[4]Pelo contrário, em tudo
recomendando-nos a nós
mesmos como ministros de
Deus: na muita paciência,
nas aflições, nas privações, nas
angústias, [5]nos açoites,
nas prisões, nos tumultos,
nos trabalhos, nas vigílias, nos
jejuns, [6]na pureza, no saber, na
longanimidade, na bondade,
no Espírito Santo, no amor
não fingido, [7]na palavra da
verdade, no poder de Deus,
pelas armas da justiça, quer
ofensivas, quer defensivas;
[8]por honra e por desonra,
por infâmia e por boa
fama, como enganadores e
sendo verdadeiros; [9]como
desconhecidos e, entretanto,
bem conhecidos; como se
estivéssemos morrendo e,
contudo, eis que vivemos;
como castigados, porém não
mortos; [10]entristecidos, mas
sempre alegres; pobres, mas
enriquecendo a muitos; nada
tendo, mas possuindo tudo.

Agradeça amorosamente pelos generosos presentes do Senhor.

A alegria de recordar

Bendize, ó minha alma, ao S*ENHOR,*
e não te esqueças de nem um só de seus benefícios.

—SALMO 103:2

Um velho amigo descreveu os dias em torno do seu 90.º aniversário como "um momento... para refletir, olhar no espelho retrovisor da vida e dedicar muitas horas ao que ele chama de: 'A alegria de recordar'. É tão fácil esquecer-se de todas as ocasiões em que o Senhor liderou! '...não te esqueças de nem um só de seus benefícios'" (Salmo 103:2).

Essa atitude era típica de alguém que conheci e admirei por mais de 50 anos. Em lugar de rever seus desapontamentos, sua carta era impregnada de gratidão e louvor a Deus.

Primeiro, ele recordou as misericórdias temporais do Senhor — sua boa saúde, o prazer de sua esposa e filhos, a alegria e o sucesso do trabalho, suas amizades edificantes e as oportunidades que teve de servir a Deus. Ele os considerou como presentes — nenhum merecido, mas todos gratamente recebidos.

Depois, ele reviu as misericórdias espirituais de Deus — a influência dos pais cristãos e a experiência do perdão de Deus quando aceitou a Cristo ainda adolescente. Ele concluiu com o encorajamento que recebera de igrejas, escolas e homens cristãos que se importavam e oravam uns pelos outros.

Esse é um modelo que devemos seguir regularmente — a alegria de recordar. "Bendize, ó minha alma, ao SENHOR, e tudo o que há em mim bendiga ao seu santo nome" (v.1). *—DCM*

Leitura bíblica de hoje: Salmo 103:1-14

[1]Bendize, ó minha alma, ao
SENHOR, e tudo o que há em
mim bendiga ao seu santo
nome. [2]Bendize, ó minha
alma, ao SENHOR, e não te
esqueças de nem um só de seus
benefícios. [3]Ele é quem perdoa
todas as tuas iniquidades; quem
sara todas as tuas enfermidades;
[4]quem da cova redime a tua
vida e te coroa de graça e
misericórdia; [5]quem farta de
bens a tua velhice, de sorte
que a tua mocidade se renova
como a da águia. [6]O SENHOR
faz justiça e julga a todos os
oprimidos. [7]Manifestou os seus
caminhos a Moisés e os seus
feitos aos filhos de Israel. [8]O
SENHOR é misericordioso
e compassivo; longânimo
e assaz benigno. [9]Não
repreende perpetuamente,
nem conserva para sempre
a sua ira. [10]Não nos trata
segundo os nossos pecados,
nem nos retribui consoante
as nossas iniquidades. [11]Pois
quanto o céu se alteia acima
da terra, assim é grande a
sua misericórdia para com
os que o temem. [12]Quanto
dista o Oriente do Ocidente,
assim afasta de nós as nossas
transgressões. [13]Como um pai
se compadece de seus filhos,
assim o SENHOR se compadece
dos que o temem. [14]Pois ele
conhece a nossa estrutura e
sabe que somos pó.

Preocupe-se com os
pequenos pecados em
sua vida, antes que
eles se tornem maiores.

Pedacinhos

Assim também vós considerai-vos mortos para o pecado, mas vivos para Deus, em Cristo Jesus.

—ROMANOS 6:11

Limpar a casa não é minha atividade predileta, mas quando termino, gosto do resultado desse trabalho. O que me aborrece é a interminável arrumação anterior. Certo dia, encontrei uma peça de quebra-cabeça, fiquei tentada a jogá-la fora, pois não queria me distrair. Mas, sem ela, o quebra-cabeça ficaria incompleto para sempre e as outras peças logo iriam para o lixo.

Assim como jogar fora uma peça que sobrou, podemos querer dispensar um pequeno problema de pecado. Pensamos que o impacto será mínimo, porque parece inconsequente. Porém, devemos buscar um caráter que reflita o de Deus (Filipenses 1:6,9-11). O livro de Cântico dos Cânticos revela que temos um papel na proteção do nosso relacionamento de amor com Jesus: "Apanhai-me as raposas, as raposinhas, que devastam os vinhedos, porque as nossas vinhas estão em flor" (2:15).

Em Romanos 6:23 vemos que o salário do pecado é a morte. Qualquer pecado ao qual nos apegamos nos separa de Deus (Isaías 59:2) e traz a morte. Para cada um de nós é importante:

- *Guardar o coração.* O inimigo deseja usar nosso querer e tentações para abrir a porta ao pecado (Provérbios 4:23).
- *Confessar o pecado.* Ao admitir nossas faltas, lembramo-nos de que somos pecadoras, no entanto, com Deus, a transformação é possível (Romanos 6:7). —*RF*

Leitura bíblica de hoje: Romanos 6:1-13

1 Que diremos, pois?
Permaneceremos no pecado,
para que seja a graça mais
abundante? 2 De modo
nenhum! Como viveremos
ainda no pecado, nós os que
para ele morremos? 3 Ou,
porventura, ignorais que todos
nós que fomos batizados em
Cristo Jesus fomos batizados
na sua morte? 4 Fomos, pois,
sepultados com ele na morte
pelo batismo; para que, como
Cristo foi ressuscitado dentre
os mortos pela glória do
Pai, assim também andemos
nós em novidade de vida.
5 Porque, se fomos unidos
com ele na semelhança da sua
morte, certamente, o seremos
também na semelhança da sua
ressurreição, 6 sabendo isto: que
foi crucificado com ele o nosso
velho homem, para que o
corpo do pecado seja destruído,
e não sirvamos o pecado como
escravos; 7 porquanto quem
morreu está justificado do
pecado. 8 Ora, se já morremos
com Cristo, cremos que
também com ele viveremos,
9 sabedores de que, havendo
Cristo ressuscitado dentre os
mortos, já não morre; a morte
já não tem domínio sobre ele.
10 Pois, quanto a ter morrido, de
uma vez para sempre morreu
para o pecado; mas, quanto a
viver, vive para Deus. 11 Assim
também vós considerai-vos
mortos para o pecado, mas
vivos para Deus, em Cristo
Jesus. 12 Não reine, portanto, o
pecado em vosso corpo mortal,
de maneira que obedeçais às
suas paixões; 13 nem ofereçais
cada um os membros do
seu corpo ao pecado, como
instrumentos de iniquidade;
mas oferecei-vos a Deus, como
ressurretos dentre os mortos,
e os vossos membros, a Deus,
como instrumentos de justiça.

Após ouvirmos a
Palavra de Deus,
devemos nos ocupar
com a obra de Deus.

Sempre em serviço

Obedecei aos vossos guias e sede submissos para com eles; pois velam por vossa alma...

—HEBREUS 13:17

Quando os meus filhos estavam jogando fora o lixo descartável na praça de alimentação do shopping center, o mais velho quase foi atropelado por um homem que, claramente, estava numa missão. O mais novo, fazendo piada, observou: "Talvez ele tenha roubado alguma coisa." Imaginando poder usar esse momento para ensinar, eu disse: "Isso é o que a Bíblia chama julgamento." Então, ele perguntou, com um sorriso: "Por que você está sempre me pastoreando?". Após terminar de rir, disse aos meus filhos que eu nunca poderia tirar férias de pastoreá-los.

O apóstolo Paulo disse aos presbíteros de Éfeso que eles também nunca poderiam tirar férias de pastorear o povo de Deus (Atos 20). Ele estava convencido de que os falsos mestres tentariam destruir a igreja (v.29), e que os presbíteros precisavam protegê-los contra eles. Cuidar do povo de Deus inclui alimentá-los espiritualmente, conduzi-los com mansidão e exortá-los com firmeza. Os líderes da igreja devem ser motivados pelo incalculável preço que Cristo pagou na cruz (v.28).

Os líderes da igreja têm uma enorme responsabilidade de zelar por nossa alma, pois um dia, prestarão contas ao Senhor por seu trabalho entre nós. Vamos alegrá-los retribuindo à sua fiel e piedosa liderança com obediência e submissão (Hebreus 13:17). *—MLW*

Leitura bíblica de hoje: Atos 20:22-32

[22]E, agora, constrangido
em meu espírito, vou para
Jerusalém, não sabendo o que
ali me acontecerá, [23]senão que
o Espírito Santo, de cidade em
cidade, me assegura que me
esperam cadeias e tribulações.
[24]Porém em nada considero
a vida preciosa para mim
mesmo, contanto que complete
a minha carreira e o ministério
que recebi do Senhor Jesus
para testemunhar o evangelho
da graça de Deus. [25]Agora,
eu sei que todos vós, em cujo
meio passei pregando o reino,
não vereis mais o meu rosto.
[26]Portanto, eu vos protesto, no
dia de hoje, que estou limpo
do sangue de todos; [27]porque
jamais deixei de vos anunciar
todo o desígnio de Deus.
[28]Atendei por vós e por todo o
rebanho sobre o qual o Espírito
Santo vos constituiu bispos,
para pastoreardes a igreja de
Deus, a qual ele comprou com
o seu próprio sangue. [29]Eu sei
que, depois da minha partida,
entre vós penetrarão lobos
vorazes, que não pouparão o
rebanho. [30]E que, dentre vós
mesmos, se levantarão homens
falando coisas pervertidas
para arrastar os discípulos
atrás deles. [31]Portanto, vigiai,
lembrando-vos de que, por três
anos, noite e dia, não cessei
de admoestar, com lágrimas,
a cada um. [32]Agora, pois,
encomendo-vos ao Senhor e à
palavra da sua graça, que tem
poder para vos edificar e dar
herança entre todos os que
são santificados.

Toda vida é criada
por Deus e ostenta
o Seu autógrafo.

Cada vida, um presente

Graças te dou, visto que por modo assombrosamente maravilhoso me formaste...

—SALMO 139:14

Uma jovem solteira estava grávida. E apesar de viver numa sociedade que não dava tanta importância a uma vida por nascer, ela sabiamente escolheu permitir que o seu bebê vivesse.

A criança, que ela generosamente entregou para adoção, tornou-se parte de uma amorosa família cristã que educou sua filha preciosa, amou-a e lhe mostrou o caminho para Cristo.

Antes que essa menina chegasse à idade adulta, no entanto, ela morreu. Sua morte deixou um enorme vazio em sua família, mas também deixou memórias de alegrias da infância e do seu entusiasmo juvenil. Com certeza a sua morte trouxe um enorme vazio no coração de todos que a amavam, mas imagine o que eles teriam perdido se nunca a tivessem segurado em seus braços, compartilhado sobre Jesus, rido juntos, ensinando e tratando-a com carinho.

Toda vida — toda criança — é maravilhosamente feita como amostra do trabalho manual de Deus (Salmo 139). Todo ser humano é uma imagem à semelhança de Deus (Gênesis 1:27) e um descendente de nosso primeiro pai que recebeu o fôlego divino.

A morte nos priva de certa inteireza que desejamos ter na vida, mas também nos lembra do valor de cada vida que Deus cria (Colossenses 1:16). Aprecie o dom da vida e desfrute da alegria que é o fruto do trabalho das mãos de Deus. *—JDB*

Leitura bíblica de hoje: Salmo 139:1-16

1 SENHOR, tu me sondas e me
conheces. 2 Sabes quando me
assento e quando me levanto;
de longe penetras os meus
pensamentos. 3 Esquadrinhas
o meu andar e o meu deitar
e conheces todos os meus
caminhos. 4 Ainda a palavra
me não chegou à língua, e tu,
SENHOR, já a conheces toda.
5 Tu me cercas por trás e por
diante e sobre mim pões a
mão. 6 Tal conhecimento é
maravilhoso demais para mim:
é sobremodo elevado, não o
posso atingir. 7 Para onde me
ausentarei do teu Espírito? Para
onde fugirei da tua face? 8 Se
subo aos céus, lá estás; se faço a
minha cama no mais profundo
abismo, lá estás também; 9 se
tomo as asas da alvorada e me
detenho nos confins dos mares,
10 ainda lá me haverá de guiar
a tua mão, e a tua destra me
susterá. 11 Se eu digo: as trevas,
com efeito, me encobrirão, e
a luz ao redor de mim se fará
noite, 12 até as próprias trevas
não te serão escuras: as trevas e
a luz são a mesma coisa. 13 Pois
tu formaste o meu interior, tu
me teceste no seio de minha
mãe. 14 Graças te dou, visto que
por modo assombrosamente
maravilhoso me formaste; as
tuas obras são admiráveis, e a
minha alma o sabe muito bem;
15 os meus ossos não te foram
encobertos, quando no oculto
fui formado e entretecido
como nas profundezas da terra.
16 Os teus olhos me viram a
substância ainda informe, e no
teu livro foram escritos todos
os meus dias, cada um deles
escrito e determinado, quando
nem um deles havia ainda.

Para a nossa salvação
só existe um padrão
que podemos
considerar:
o sangue de Jesus.

Avaliadas

...o homem não é justificado por obras da lei, e sim mediante a fé em Cristo Jesus...

—GÁLATAS 2:16

Parei de trabalhar fora para ficar em casa com meus filhos, e ao voltar a lecionar vi que nem sentia a falta de corrigir trabalhos e provas. E agora, para corrigi-las estabeleci um padrão que me ajuda a avaliá-las.

Embora não recebamos notas por nossas atividades diárias, somos cercadas por avaliações de desempenho. Pelo que assistimos, compramos e postamos no Facebook podemos avaliar e ser avaliadas.

Na sociedade, as classificações determinam o valor de cada item e podemos, enganosamente, transferir este raciocínio para o nosso crescimento espiritual.

A salvação não é conquistada (Efésios 2:5-9). No entanto, a humanidade gravita ao redor daquilo que conseguimos controlar — mensuramos até as disciplinas espirituais. Na carta aos Gálatas, capítulo 2, fica claro que nenhuma quantidade de leitura da Bíblia, oração ou jejum pode conquistar qualquer parte da herança de Deus. Existe apenas uma medida dessa graça: Recebemos o que não merecemos.

As obras não levam à salvação, mas as boas obras devem fluir da vida dos salvos por Cristo (Mateus 5:16). Se compreendermos que "...ele nos salvou porque teve compaixão de nós, e não porque nós tivéssemos feito alguma coisa boa...", então que os "...que creem em Deus se interessem em usar o seu tempo fazendo o bem..." (Tito 3:5,8). *—RF*

Leitura bíblica de hoje: Gálatas 2:11-21

11Quando, porém, Cefas
veio a Antioquia, resisti-lhe
face a face, porque se tornara
repreensível. 12Com efeito,
antes de chegarem alguns da
parte de Tiago, comia com
os gentios; quando, porém,
chegaram, afastou-se e, por
fim, veio a apartar-se, temendo
os da circuncisão. 13E também
os demais judeus dissimularam
com ele, a ponto de o próprio
Barnabé ter-se deixado levar
pela dissimulação deles.
14Quando, porém, vi que
não procediam corretamente
segundo a verdade do
evangelho, disse a Cefas, na
presença de todos: se, sendo
tu judeu, vives como gentio
e não como judeu, por que
obrigas os gentios a viverem
como judeus? 15Nós, judeus
por natureza e não pecadores
dentre os gentios, 16sabendo,
contudo, que o homem não
é justificado por obras da
lei, e sim mediante a fé em
Cristo Jesus, também temos
crido em Cristo Jesus, para
que fôssemos justificados pela
fé em Cristo e não por obras
da lei, pois, por obras da lei,
ninguém será justificado. 17Mas
se, procurando ser justificados
em Cristo, fomos nós mesmos
também achados pecadores,
dar-se-á o caso de ser Cristo
ministro do pecado? Certo
que não! 18Porque, se torno
a edificar aquilo que destruí,
a mim mesmo me constituo
transgressor. 19Porque eu,
mediante a própria lei, morri
para a lei, a fim de viver para
Deus. Estou crucificado com
Cristo; 20logo, já não sou eu
quem vive, mas Cristo vive em
mim; e esse viver que, agora,
tenho na carne, vivo pela fé no
Filho de Deus, que me amou
e a si mesmo se entregou por
mim. 21Não anulo a graça
de Deus; pois, se a justiça é
mediante a lei, segue-se que
morreu Cristo em vão.

A verdadeira oração
é um estilo de vida,
não um desvio
de emergência!

O dia todo com Deus

Orai sem cessar.

—1 TESSALONICENSES 5:17

O irmão Lawrence (1614–91) sentia-se intimamente próximo de Deus enquanto limpava, humildemente, as panelas e frigideiras na cozinha do mosteiro. Certamente, ele tinha os seus momentos específicos de oração devocional. Mas, o que ele considerava mais transformador em sua vida era a oração durante o dia de trabalho. Em seu clássico livro devocional *Praticando a presença de Deus* (Ed. Danprewan, 2003), ele afirma: "É um grande engano pensar que os nossos momentos de oração devem ser diferentes dos outros momentos. Devemos nos sentir tão próximos a Deus quando trabalhamos e quando oramos." Em resumo, ele defende que oremos "...sem cessar" (1 Tessalonicenses 5:17).

Esse é um lembrete útil, porque, às vezes, tendemos a setorizar nossas vidas. Talvez oremos apenas durante o culto na igreja, no pequeno grupo de estudo da Bíblia, nos devocionais familiares e em nossos momentos de meditação. Mas e durante nosso dia de trabalho? Orar no trabalho não significa que temos de cair de joelhos com as mãos entrelaçadas e orar em voz alta. No entanto, significa que as decisões de trabalho e os relacionamentos podem ser levados a Deus ao longo de todo o dia.

Onde quer que estejamos e seja o que estivermos fazendo, Deus deseja fazer parte. Quando a oração se tornar parte de todos os aspectos de nossas vidas, quem sabe o que Deus poderá fazer para Sua glória? —*HDF*

Leitura bíblica de hoje: 1 Tessalonicenses 5:12-22

12 Agora, vos rogamos, irmãos,
que acateis com apreço os
que trabalham entre vós e os
que vos presidem no Senhor
e vos admoestam; 13 e que os
tenhais com amor em máxima
consideração, por causa do
trabalho que realizam. Vivei
em paz uns com os outros.
14 Exortamo-vos, também,
irmãos, a que admoesteis
os insubmissos, consoleis os
desanimados, ampareis os
fracos e sejais longânimos
para com todos. 15 Evitai que
alguém retribua a outrem mal
por mal; pelo contrário, segui
sempre o bem entre vós e para
com todos. 16 Regozijai-vos
sempre. 17 Orai sem cessar.
18 Em tudo, dai graças, porque
esta é a vontade de Deus em
Cristo Jesus para convosco.
19 Não apagueis o Espírito.
20 Não desprezeis as profecias;
21 julgai todas as coisas, retende
o que é bom; 22 abstende-vos de
toda forma de mal.

Para ser encontrado,
primeiro admita
estar perdido.

Achados e perdidos

... Alegrai-vos comigo,
porque achei a dracma que eu tinha perdido.

—LUCAS 15:9

Por algum tempo eu não conseguia encontrar o meu cartão de crédito. Comecei a procurá-lo freneticamente porque perder um cartão de crédito não é algo insignificante. Os pagamentos automáticos e as compras diárias seriam interrompidos até que eu tivesse outro cartão. Sem nem pensar na possibilidade de alguém tê-lo encontrado e ter feito compras à nossa custa. Senti grande alívio quando minha esposa encontrou o cartão no chão sob a mesa do computador.

No livro de Lucas 15:8-10, Cristo contou a história de algo que estava perdido — uma moeda valiosa, que equivalia ao pagamento por dias de trabalho. A mulher que a perdeu estava tão preocupada em encontrá-la que acendeu uma lâmpada, vasculhou a casa e cuidadosamente procurou-a até encontrá-la. E depois disse a suas amigas "...Alegrai-vos comigo, porque achei a dracma que eu tinha perdido" (v.9). Jesus então falou sobre a moral dessa história: "...de igual modo, há júbilo diante dos anjos de Deus por um pecador que se arrepende" (v.10).

As pessoas têm muito valor para Deus. Aquelas que não o conhecem estão perdidas em seus pecados. Cristo pagou o preço máximo ao morrer na cruz pela redenção de todos. Você conhece pessoas que estão perdidas? Peça ao Senhor por uma oportunidade para compartilhar as boas-novas com elas para que se arrependam de seus pecados e sejam encontradas por nosso Deus misericordioso. —*HDF*

Leitura bíblica de hoje: Lucas 15:4-10

4Qual, dentre vós, é o homem
que, possuindo cem ovelhas e
perdendo uma delas, não deixa
no deserto as noventa e nove e
vai em busca da que se perdeu,
até encontrá-la? 5Achando-a,
põe-na sobre os ombros, cheio
de júbilo. 6E, indo para casa,
reúne os amigos e vizinhos,
dizendo-lhes: Alegrai-vos
comigo, porque já achei a
minha ovelha perdida.
7Digo-vos que, assim, haverá
maior júbilo no céu por um
pecador que se arrepende
do que por noventa e nove
justos que não necessitam de
arrependimento. 8Ou qual
é a mulher que, tendo dez
dracmas, se perder uma, não
acende a candeia, varre a casa
e a procura diligentemente
até encontrá-la? 9E, tendo-a
achado, reúne as amigas e
vizinhas, dizendo: Alegrai-vos
comigo, porque achei a dracma
que eu tinha perdido. 10Eu vos
afirmo que, de igual modo,
há júbilo diante dos anjos de
Deus por um pecador que
se arrepende.

Quem não sabe se controlar é tão sem defesa como uma cidade sem muralhas.

—Provérbios 25:28 NTLH

Restrições

Eu lhe disse que ia castigar a sua família para sempre porque os seus filhos disseram coisas más contra mim.

—1 SAMUEL 3:13 NTLH

Toda a família, inclusive os avós, foi comer pizza e jogar paintball. Sem querer, em dado momento, disparei a arma de tinta num dos membros da minha equipe, pensando que era um espião. Meu sobrinho pré-adolescente gritou, com sarcasmo: "Sou da sua equipe, gênio!". Tive de crucificar o desejo de enviá-lo para o banco.

Um dos maiores presentes que podemos dar aos filhos, é o autocontrole. Nessa sociedade de recompensas instantâneas, eles encaram desafios significativos para aprender o poder do controle. Esse problema não é novo. Eli, sacerdote de Israel durante a infância de Samuel, teve dois filhos que "...não se importavam com o SENHOR" (1 Samuel 2:12). Eles nada negavam a si mesmos e Eli pouco fez para impedi-los.

Se pensarmos que impondo limites, reprimiremos a capacidade de autoexpressão de nossos filhos, eles terão uma definição errada sobre o amor (Hebreus 12:6). Evitar dizer "não" não os protege contra as coisas desagradáveis da vida; ao contrário, desprotege-os.

Medimos a nossa maturidade por nossa reação à adversidade não por idade ou conhecimento. Exatamente como o atleta ou artista se prende aos benefícios da disciplina e ao mesmo tempo compreende o seu custo, devemos buscar oportunidades de dizer "sim" a nossos filhos, sem evitar os momentos que precisamos dizer "não". —*RF*

Leitura bíblica de hoje: 1 Samuel 3:1-14

[1]O jovem Samuel servia ao
SENHOR, perante Eli. Naqueles
dias, a palavra do SENHOR era
mui rara; as visões não eram
frequentes. [2]Certo dia, estando
deitado no lugar costumado
o sacerdote Eli, cujos olhos já
começavam a escurecer-se,
a ponto de não poder ver,
[3]e tendo-se deitado também
Samuel, no templo do SENHOR,
em que estava a arca, antes que
a lâmpada de Deus se apagasse,
[4]o SENHOR chamou o menino:
Samuel, Samuel! Este respondeu:
Eis-me aqui! [5]Correu a Eli e
disse: Eis-me aqui, pois tu me
chamaste. Mas ele disse: Não
te chamei; torna a deitar-te.
Ele se foi e se deitou. [6]Tornou
o SENHOR a chamar: Samuel!
Este se levantou, foi a Eli e
disse: Eis-me aqui, pois tu me
chamaste. Mas ele disse: Não
te chamei, meu filho, torna a
deitar-te. [7]Porém Samuel ainda
não conhecia o SENHOR, e ainda
não lhe tinha sido manifestada a
palavra do SENHOR. [8]O SENHOR,
pois, tornou a chamar a Samuel,
terceira vez, e ele se levantou, e
foi a Eli, e disse: Eis-me aqui,
pois tu me chamaste. Então,
entendeu Eli que era o SENHOR
quem chamava o jovem. [9]Por
isso, Eli disse a Samuel: Vai
deitar-te; se alguém te chamar,
dirás: Fala, SENHOR, porque o
teu servo ouve. E foi Samuel
para o seu lugar e se deitou.
[10]Então, veio o SENHOR, e ali
esteve, e chamou como das
outras vezes: Samuel, Samuel!
Este respondeu: Fala, porque
o teu servo ouve. [11]Disse o
SENHOR a Samuel: Eis que vou
fazer uma coisa em Israel, a qual
todo o que a ouvir lhe tinirão
ambos os ouvidos. [12]Naquele
dia, suscitarei contra Eli tudo
quanto tenho falado com
respeito à sua casa; começarei
e o cumprirei. [13]Porque já lhe
disse que julgarei a sua casa para
sempre, pela iniquidade que ele
bem conhecia, porque seus filhos
se fizeram execráveis, e ele os não
repreendeu. [14]Portanto, jurei à
casa de Eli que nunca lhe será
expiada a iniquidade, nem com
sacrifício, nem com oferta de
manjares.

Podemos ser pacificadores para Deus. A paz que vem de Deus excede todo o entendimento.

Vizinhança legal

...o reino de Deus não é comida nem bebida, mas justiça, e paz, e alegria no Espírito Santo.

—ROMANOS 14:17

O lugar em que você vive tem a sua maneira de fazer certas exigências sobre o seu modo de viver. No bairro onde moro, o caminhão do lixo passa na manhã de terça-feira, e sou responsável por colocar a lata de lixo próximo ao meio-fio na noite anterior. Deixar o lixo acumular-se na calçada durante dias não deixa os vizinhos felizes. E temos muitas crianças que brincam fora de casa, e as placas de sinalização estão em toda parte para lembrar os motoristas de diminuir a velocidade. Isso significa que dirijo devagar e presto atenção nos pequenos que, sem olhar, correm atrás de bolas que foram parar no meio da rua.

É importante nos lembrarmos que Deus nos colocou no "...reino do Filho..." (Colossenses 1:13). Viver em Sua vizinhança significa que existem padrões de comportamento transformadores da vida, que devem refletir claramente a nossa condição espiritual. Por essa razão, Paulo nos recorda de que o reino de Deus não diz respeito a discutir e contender sobre coisas terrenas, mas sobre "...justiça, e paz, e alegria..." (Romanos 14:17). A vida no reino significa viver pelos padrões corretos de Deus; para ser um pacificador e fonte de alegria em nossos relacionamentos. E, quando vivemos assim, nossas vidas agradam a Deus e abençoam as outras pessoas (v.18).

Parece o tipo de vizinhança em que qualquer um gostaria muito de viver! *—JMS*

Leitura bíblica de hoje: Romanos 14:13-23

13 Não nos julguemos mais uns
aos outros; pelo contrário,
tomai o propósito de não
pordes tropeço ou escândalo
ao vosso irmão. 14 Eu sei e estou
persuadido, no Senhor Jesus,
de que nenhuma coisa é de
si mesma impura, salvo para
aquele que assim a considera;
para esse é impura. 15 Se, por
causa de comida, o teu irmão
se entristece, já não andas
segundo o amor fraternal.
Por causa da tua comida, não
faças perecer aquele a favor de
quem Cristo morreu. 16 Não
seja, pois, vituperado o vosso
bem. 17 Porque o reino de Deus
não é comida nem bebida,
mas justiça, e paz, e alegria no
Espírito Santo. 18 Aquele que
deste modo serve a Cristo é
agradável a Deus e aprovado
pelos homens. 19 Assim, pois,
seguimos as coisas da paz e
também as da edificação de
uns para com os outros. 20 Não
destruas a obra de Deus por
causa da comida. Todas as
coisas, na verdade, são limpas,
mas é mau para o homem o
comer com escândalo. 21 É bom
não comer carne, nem beber
vinho, nem fazer qualquer
outra coisa com que teu irmão
venha a tropeçar [ou se ofender
ou se enfraquecer]. 22 A fé que
tens, tem-na para ti mesmo
perante Deus. Bem-aventurado
é aquele que não se condena
naquilo que aprova. 23 Mas
aquele que tem dúvidas é
condenado se comer, porque o
que faz não provém de fé;
e tudo o que não provém de
fé é pecado.

O maior Presente
de Deus deve fazer
aflorar a nossa mais
profunda gratidão.

Silenciosa gratidão

Rendei graças ao Senhor, porque ele é bom [...].
Digam-no os remidos do Senhor...

—SALMO 107:1-2

O motivo do agradecimento é permitir que o presenteador saiba o quanto você aprecia o que recebeu. O autor G. B. Stern disse: "Gratidão silenciosa não tem muita utilidade para ninguém."

Quando o nosso filho era mais jovem, às vezes ele precisava ser lembrado de que evitar o contato visual, olhar para os pés e balbuciar algumas palavras ininteligíveis não era um "agradecimento" aceitável. E, após muitos anos de casamento, meu marido e eu ainda estamos aprendendo que é importante expressarmos continuamente a nossa gratidão mútua. Quando um de nós se sente agradecido, tentamos verbalizar isso — mesmo já tendo dito o mesmo em muitas outras ocasiões similares. William Arthur Ward disse: "Sentir gratidão e não expressá-la é como embrulhar um presente e não entregar."

Demonstrar a nossa gratidão é, obviamente, importante nas relações humanas, mas é ainda mais essencial em nosso relacionamento com Deus. Ao recordarmos as muitas bênçãos que recebemos, expressamos a nossa gratidão a Ele ao longo do dia? E quando pensamos no maravilhoso presente da Sua morte e ressurreição pelo perdão dos nossos pecados, nossos corações transbordam de alegria e ação de graças (Romanos 6:23; 2 Coríntios 9:15)?

Coloque diariamente em seu coração o lembrete do Salmo 107:1: "Rendei graças ao Senhor, porque ele é bom..."!

—CHK

Leitura bíblica de hoje: Salmo 107:31-43

[31]Rendam graças ao SENHOR
por sua bondade e por suas
maravilhas para com os filhos
dos homens! [32]Exaltem-no
também na assembleia do
povo e o glorifiquem no
conselho dos anciãos. [33]Ele
converteu rios em desertos
e mananciais, em terra
seca; [34]terra frutífera, em
deserto salgado, por causa da
maldade dos seus habitantes.
[35]Converteu o deserto em
lençóis de água e a terra seca,
em mananciais. [36]Estabeleceu
aí os famintos, os quais
edificaram uma cidade em
que habitassem. [37]Semearam
campos, e plantaram vinhas, e
tiveram fartas colheitas. [38]Ele
os abençoou, de sorte que se
multiplicaram muito; e o gado
deles não diminuiu. [39]Mas
tornaram a reduzir-se e foram
humilhados pela opressão, pela
adversidade e pelo sofrimento.
[40]Lança ele o desprezo sobre
os príncipes e os faz andar
errantes, onde não há caminho.
[41]Mas levanta da opressão
o necessitado, para um alto
retiro, e lhe prospera famílias
como rebanhos. [42]Os retos
veem isso e se alegram, mas o
ímpio por toda parte fecha a
boca. [43]Quem é sábio atente
para essas coisas e considere as
misericórdias do SENHOR.

Alinhar o nosso
coração ao de Deus
permite que iniciemos
a cura e a restauração.

Laços de família

Eles viram José de longe e, antes que chegasse perto, começaram a fazer planos para matá-lo.

—GÊNESIS 37:18 (NTLH)

Minha irmã e eu fizemos uma guerra de água, em vez de lavarmos os pratos. Eu estava determinada a vencer e, na empolgação ela quebrou os seus óculos. A punição viria mais tarde, com certeza absoluta.

A família foi planejada por Deus e traz sentido à nossa identidade. Nela, descobrimos nossos gostos, habilidades e como nos relacionarmos uns com os outros. Ali enfrentamos os primeiros conflitos e lidamos com os ressentimentos que nos fazem crer em falsos conceitos sobre nós mesmas.

Na história de José, muitas vezes nos concentramos nos sofrimentos que ele enfrentou pelo ciúme dos irmãos. Porém, essa mesma história também nos ensina sobre o perdão (Gênesis 50:20,21), e como as questões familiares atingem o coração.

José era o primogênito da esposa favorita de Jacó (Gênesis 30:21-24), era o filho predileto e seus irmãos sabiam disso (v.4). Uma coisa é enfrentar a desaprovação dos pais por algo que se tenha feito, outra é sentir-se um fracassado por ter nascido da mulher errada (v.2). Crendo que Jacó os tinha rejeitado, os irmãos de José se vingaram (vv.20-24).

Desde o início da criação, os relacionamentos familiares são difíceis e os conflitos são inevitáveis (Gênesis 4:8). O inimigo age na natureza pecaminosa do homem e coloca os membros de uma família uns contra os outros (Miqueias 7:6).

Se reagíamos às mágoas, magoando os outros só perpetuamos o ciclo (Lucas 1:17). —*RF*

Leitura bíblica de hoje: Gênesis 37:1-4,13-20

[1]Habitou Jacó na terra das
peregrinações de seu pai,
na terra de Canaã. [2]Esta é a
história de Jacó. Tendo José
dezessete anos, apascentava
os rebanhos com seus
irmãos; sendo ainda jovem,
acompanhava os filhos de Bila
e os filhos de Zilpa, mulheres
de seu pai; e trazia más notícias
deles a seu pai. [3]Ora, Israel
amava mais a José que a todos
os seus filhos, porque era
filho da sua velhice; e fez-lhe
uma túnica talar de mangas
compridas. [4]Vendo, pois, seus
irmãos que o pai o amava
mais que a todos os outros
filhos, odiaram-no e já não lhe
podiam falar pacificamente.

[13]perguntou Israel a José:
Não apascentam teus irmãos
o rebanho em Siquém? Vem,
enviar-te-ei a eles. Respondeu-lhe
José: Eis-me aqui.
[14]Disse-lhe Israel: Vai, agora, e
vê se vão bem teus irmãos e o
rebanho; e traze-me notícias.
Assim, o enviou do vale de
Hebrom, e ele foi a Siquém.
[15]E um homem encontrou a
José, que andava errante pelo
campo, e lhe perguntou:
Que procuras? [16]Respondeu:
Procuro meus irmãos;
dize-me: Onde apascentam
eles o rebanho? [17]Disse-lhe o
homem: Foram-se daqui, pois
ouvi-os dizer: Vamos a Dotã.
Então, seguiu José atrás dos
irmãos e os achou em Dotã.
[18]De longe o viram e, antes
que chegasse, conspiraram
contra ele para o matar. [19]E
dizia um ao outro: Vem lá o tal
sonhador! [20]Vinde, pois, agora,
matemo-lo e lancemo-lo numa
destas cisternas; e diremos:
Um animal selvagem o comeu;
e vejamos em que lhe darão
os sonhos.

Pela misericórdia
de Deus, sejamos
cristãs fervorosas,
e sirvamos a Jesus
apaixonadamente.

Zelosa por Jesus

No zelo, não sejais remissos;
sede fervorosos de espírito, servindo ao Senhor.

—ROMANOS 12:11

Todas nós somos capazes de ser zelosas, independentemente de nosso tipo de personalidade. Até a mais fleumática pode ser apaixonada por algo. A questão não é se alguém pode ou não ser zelosa, mas em quê?

O apóstolo Paulo nos ensina a sermos fervorosas ao servir ao Senhor. John Piper parafraseou assim: "Trabalhe para Cristo, apaixonadamente e muito." As palavras "...sede fervorosos de espírito, servindo ao Senhor" enfatizam a diligência e a dedicação. Será que somos eficientes ou procrastinadoras? Esforçamo-nos por fazer a Sua vontade ou desistimos na metade do caminho?

Trabalhe muito para o Senhor, apaixonadamente, não sendo ranzinza. Se você serve de coração apaixonado, não considera o número de horas que trabalhou para o Mestre. Você se dispõe a fazer mais, sem reclamar ou protestar? O motivo é simples: servir a Jesus é o maior privilégio do Universo para os seres humanos.

Na biografia de Billy Graham, escrita por John Pollock, está descrita uma conversa entre Billy Graham e o presidente norte-americano, Lyndon B. Johnson. O presidente perguntou ao conferencista, seu amigo durante muitos anos, qual cargo ele gostaria de ter em sua administração. Billy Graham respondeu: "Senhor, creio que Jesus Cristo me chamou para pregar o Seu evangelho. E esse é o maior chamado que qualquer homem poderia ter na Terra.". *—PFC*

Leitura bíblica de hoje: Romanos 12:9-21; 1 Coríntios 15:10

9 O amor seja sem hipocrisia.
Detestai o mal, apegando-vos
ao bem. 10 Amai-vos
cordialmente uns aos
outros com amor fraternal,
preferindo-vos em honra uns
aos outros. 11 No zelo, não sejais
remissos; sede fervorosos de
espírito, servindo ao Senhor;
12 regozijai-vos na esperança,
sede pacientes na tribulação,
na oração, perseverantes;
13 compartilhai as necessidades
dos santos; praticai a
hospitalidade; 14 abençoai os
que vos perseguem, abençoai e
não amaldiçoeis. 15 Alegrai-vos
com os que se alegram e
chorai com os que choram.
16 Tende o mesmo sentimento
uns para com os outros; em
lugar de serdes orgulhosos,
condescendei com o que é
humilde; não sejais sábios aos
vossos próprios olhos. 17 Não
torneis a ninguém mal por
mal; esforçai-vos por fazer o
bem perante todos os homens;
18 se possível, quanto depender
de vós, tende paz com todos
os homens; 19 não vos vingueis
a vós mesmos, amados, mas
dai lugar à ira; porque está
escrito: A mim me pertence a
vingança; eu é que retribuirei,
diz o Senhor. 20 Pelo contrário,
se o teu inimigo tiver fome,
dá-lhe de comer; se tiver
sede, dá-lhe de beber; porque,
fazendo isto, amontoarás brasas
vivas sobre a sua cabeça. 21 Não
te deixes vencer do mal, mas
vence o mal com o bem.

10 Mas, pela graça de Deus, sou o que sou; e a sua graça, que me foi concedida, não se tornou vã; antes, trabalhei muito mais do que todos eles; todavia, não eu, mas a graça de Deus comigo.

Escritores:
Anne M. Cetas • Cindy Hess Kasper • Dave Branon • David C. McCasland • David H. Roper
H. Dennis Fisher • Herb Vander Lugt • Jennifer Benson Schuldt • Joanie E. Yoder
Joseph M. Stowell • Julie Ackerman Link • Keila Ochoa • Marion Stroud • Marvin L. Williams
Poh Fang Chia • Regina Franklin • Ruth O'Reilly-Smith • William E. Crowder

Coordenação editorial: Dayse Fontoura
Tradução: editores do *Pão Diário* e *Nosso Andar Diário*
Revisão: Dayse Fontoura, Rita Rosário, Thaís Soler, Lozane Winter
Adaptação e edição: Rita Rosário
Projeto gráfico e diagramação: Audrey Novac Ribeiro
Imagem: freepik.com

Referências Bíblicas:
Exceto se indicado o contrário, as citações bíblicas são extraídas da Edição Revista e Atualizada de João F. de Almeida © 2009 Sociedade Bíblica do Brasil.

Publicações Pão Diário
Caixa Postal 4190, 82501-970 Curitiba/PR, Brasil
publicacoes@paodiario.org
www.publicacaoespaodiario.com.br
Telefone: (41) 3257-4028

Código: LV104
ISBN: 978-1-68043-641-9

Impresso no Brasil